去沖繩自助旅行！

自助旅行

這樣排行程超好玩

沖繩真是多姿多采！

經過了 3 年的疫情，現在一切已回復正常，旅遊業復甦，大家可以開心地出外旅行，尤其一直深受台灣和港澳遊客歡迎的日本，觀光客更是絡繹不絕，造就沉寂了 3 年的旅遊書也蓬勃起來！去年我修訂了兩本旅遊書《去日本自助旅行》、《去日本這樣排行程》都有不錯的銷售成績，到了今年再接再厲，出版了這本籌備已久的《去沖繩自助旅行》。

沖繩是一個我很喜歡的地方，而且因為這裡是我和超級旅行狗蜜月旅行的目的地，它給了我很多難忘美好的回憶。在日本的眾多地區裡，沖繩絕對是最與眾不同的 —— 它是全日本唯一一個沒有 JR 的地方，而且它的歷史背景也造就了日、中、美文化的交融。不管是飲食、建築、生活、風俗等都擁有自身的特色。它有美麗的自然風光、樸實的南國小島風情、多樣性的文化底蘊、多元化的水上活動、豐富的生態、別有一番風味的琉球料理，這麼多好玩好吃，趕快安排個 5 天 4 夜小旅行，或是 8 天 7 夜本島＋外島的深度之旅吧～

在沖繩自助旅行，雖然自駕會比較方便，但利用大眾交通工具也可以前往很多地方，本書也會介紹搭乘公車就能到達的景點，例如名護自然動植物公園、OKINAWA 水果樂園、琉球村、萬座毛等。除了景點、美食、伴手禮及多個附帶交通和美食的套裝行程以外，本書還會以特集方式，分享一些沖繩獨有的遊玩方法，大家可以把最喜歡的元素加進行程裡，讓你的沖繩之旅更多姿多彩！

超級旅行貓

第一篇
認識沖繩

OKINAWA

台灣旅客對日本沖繩一定不會感到陌生，除了東京、大阪、北海道以外，由於地理位置跟台灣接近，而且文化也有相似的地方，沖繩一直是台灣遊客的熱門旅遊目的地。因為獨特的歷史背景，沖繩擁有跟日本其他地方截然不同的文化，而且所在的地理位置也讓旅遊元素非常豐富：歷史古蹟、自然風光、美食、文化體驗、賞花、觀鯨和各種多元化的水上活動，而且因為四季都有不同風貌，非常值得多次到訪，就讓我們一起來發掘它獨特的魅力吧！

沖繩在哪裡？有多大？

　　沖繩位於日本西南部的一個縣，在台灣的東北方，從台灣坐飛機前往沖繩本島只需要約 1 小時 30 分鐘至 1 小時 40 分鐘。

　　沖繩縣包括沖繩群島、先島群島，及太平洋中的大東群島，面積約 2,281 平方公里，擁有廣闊的海域面積，全縣共有 160 個島嶼，最大的島嶼為沖繩本島、石垣島及宮古島，全縣由 11 市、5 郡、11 町、19 村組成，其中縣廳位於那霸市內。

　　沖繩本島分為北部、中部和南部三個部分。北部為名護市和國頭郡（包含今歸仁村、本部村、恩納村等），中部為沖繩市、宜野灣市、中頭郡（包含讀谷村、嘉手納町、北谷町等），南部為那霸市、浦添市、系滿市、豐見城市等，離島包括了宮古群島（包含宮古島）及八重山群島（包含石垣島、與那國島、西表島、由布島、竹富島）等。

沖繩是一個什麼樣的地方？

時常去日本旅行的朋友都知道，日本各個城市都總有種似曾相識的感覺。然而，在日本的國土上，卻有一個地方明顯與眾不同，位於南部的小島沖繩，不論是生活習慣、交通工具、飲食文化，都跟日本其他地方大大不同。沖繩從前是琉球王國，每年都要向中國進貢，兩地文化交流頻繁，所以也造成了沖繩文化深受中國的影響。另外，因為沖繩也是美軍的駐軍地，除了中國文化外，美國的文化氛圍也很濃烈。

沖繩的交通工具比日本其他城市簡單多了，其中一個最明顯的特色是──沖繩並沒有日本國鐵（JR），有的只是穿梭那霸市內的單軌電車，而且線路也很簡單。至於前往沖繩其他區域，則是以坐巴士為主，但巴士並不能覆蓋所有熱門景點，所以就有了觀光巴士的誕生（P.80）。這裡的交通工具不及其他大城市多，所以規劃行程時要多留意。

另一個不同之處是整個城市的氛圍，那霸像很多大都市一樣觀光客熙來攘往，但走到其他地區時，卻是充滿悠閒的南國風情。沖繩人都很熱情、很親切，讓這個地方洋溢著溫暖。這裡的生活步伐不像其他大城市急促，少了擁擠感，而且因為四面環海，島上自然區域也多，總給人悠然自得的感覺，所以在沖繩旅遊可以放慢腳步，好好享受一下投入大自然懷抱的美妙感覺。

沖繩的飲食習慣，與一般日本人都愛吃壽司、刺身、拉麵等的固有形象不同，沖繩有著自己的料理特色，如以苦瓜、海葡萄、黑糖、鳳梨等著名特產製成的各種食品，都是以天然的食材為主，健康又美味。

除了飲食外，建築藝術也是別樹一格，充滿了中國的色彩，其中以首里城最具代表性。這座宮殿，無論是飛簷台階、城牆門樓，都讓人以為自己置身在中國裡。而當去到美國村時，那五光十色，車水馬龍的店舖，卻又為整個區域添上美國的色彩。

如果你已去過日本多個地方，想規劃一個特別的旅程，感受獨特的文化，或是想好好享受被大自然擁抱的感覺，就去沖繩玩吧！無論從台灣或香港前往都很方便，而且除了本島之外，還有豐富的外島可供選擇，足夠玩上 5 ～ 7 天呢！

沖繩的氣候如何？
四季該怎麼穿？

沖繩位於亞熱帶地區，本島及離島皆屬於亞熱帶氣候，四季溫暖，即使在冬季時，平均溫度也有 15 ～ 20 度左右，夏天時溫度可達約 25 ～ 32 度，而且夏季為颱風季節，因此在夏季出遊時一定要特別注意。沖繩在四季皆有不同的精彩活動：春季可賞櫻花，夏季可進行水上活動，秋季可看紅葉，冬季可觀鯨。

至於衣著方面，春季（3 ～ 4 月）時可穿短袖衣服配搭薄風衣，夏季（5 ～ 8 月）時以短袖及質料清爽的衣物為主，如果打算進行水上活動時記得準備泳衣。另外，由於夏季陽光猛烈，建議攜帶陽傘及遮陽帽。秋季（9 ～ 10 月）可以同時準備短袖及長袖衣服，也需多備一套風衣。冬季時以長袖衣服為主，但由於氣溫也有 15 ～ 20 度左右，只需要再配合一件薄毛衣及外套就足夠了。

去沖繩旅遊不會日文怎麼辦？

很多人都以為自己不懂日文，去日本旅行會非常困難，但其實即使不懂日文，只要掌握一些技巧，也可以暢遊日本。很多到日本自由行的遊客都是不懂或只懂一點日文，最重要的是大家具有勇氣踏出第一步，只要有了第一次，之後去日本就會順利多了。（常見日文的中文對照表請見 P267 ～ 269）

交通工具的指示都很清楚

日本的交通看似繁複，但其實不管是火車站、巴士站、電車站，還是碼頭，指示都非常清楚。除了能看圖識字外，對於台灣遊人而言，最大的優勢就是看得懂漢字。在日本很多標示都會用漢語表示，而且在一些主要景點同時還會有英語標示，進到車站時不用因為不知所措而感到慌張，只要跟著指示牌的指引就可以了。

地名多為漢字

日本很多地方的地名都是使用漢字，而且日本的交通工具上都有很清楚的報站系統，即使不懂日語發音，只要看到螢光幕上顯示的地名，就能知道該在哪裡下車了，所以建議大家在乘坐公共交通工具時，挑選能清楚看到報站系統的座位。

住宿手續簡單

如果住的是飯店和商務飯店，只要利用簡單的英語跟員工溝通就可以了。如果入住民宿，民宿主人未必會英文，也可以把房間訂單給他看，他就會幫助客人辦好入住手續。至於付費方面，不懂英語的民宿主

人會用計算機向客人展示房間費用，入住手續非常簡單，即使不懂日語也能順利完成。

點餐不困難

日本很多餐廳員工都會簡單的英語，而且許多菜單都有圖片說明，有些餐廳更設有食物模型，只要向服務人員指出菜單裡食物的名字或圖片，或用手機拍下食物模型的照片給服務人員看看，再搭配身體語言或是用簡單的英語表示要多少份，就可以順利點餐了。

使用 GPS 定位找路

以前在沒有 GPS 的年代，很多人會擔心因為語言隔閡，即使迷路了也找不到當地人獲得幫助，時常會擔心迷路。現在有了 GPS，只要在高樓大廈較少的地方，都能使用 GPS 找到目前的位置及前往目的地的方向，向當地人問路的機會大大減少。只要帶著手機，利用 GOOGLE MAP，就可以靠自己找到目標。

沖繩有什麼旅遊元素？

沖繩是一個旅遊元素非常豐富的地方，不管你喜歡靜態還是動態，喜歡自然還是文化，都能在這裡找到適合自己的活動。

文化體驗

隨著遊人對旅程的品質越來越講究，單單吃喝購物看景點已經不能滿足。現在很多人在規劃自助遊時，都喜歡加上一些文化體驗、風土習俗。其中最受歡迎的可說是琉裝體驗和 DIY 製作風獅爺！來到沖繩一定不能錯過琉球服飾，分為百姓和皇族兩種，價錢不貴，大家不妨來做一天琉球公主吧！而風獅爺作為沖繩最具代表性的吉祥物，也非常受遊人歡迎，很多人都想親自製作一隻帶回家。大家可以從搓陶泥的步驟開始做起，塑造自己喜歡的形狀，若想簡單一點也可以只選上色的行程。除此以外，還可以嘗試製作不同的特產，例如鹽、冰淇淋、黑糖；也能參加一些藝術體驗課程，如學習彈奏三線琴、打太鼓、跳琉球傳統舞等。

水上活動

沖繩因為四面環海，且氣候暖和，水上活動也很受歡迎，在這裡可以划獨木舟，玩香蕉船，還有更刺激的 SUP 水上立槳和水上滑翔傘等。如果喜歡看魚類和珊瑚，也可以選擇浮潛，不論是本島的青之洞窟，或是外島的美麗大海都是浮潛的勝地。那麼，不會游泳，又或是不想下水的朋友該玩些什麼呢？這個也不用擔心，因為沖繩還有不少公司營運的水中觀光船，這種船是半潛艇，可讓遊人從觀景窗看到海底世界，即使不會游泳也能玩得很盡興呢！

可愛動物

沖繩還有不少可愛的動物在等著大家！如果是在冬季到訪，那就一定不能錯過冬季限定的觀鯨活動了。雖然未必能保證百分百看到鯨魚，但根據船公司的資料，看到的機會也很高。如果想保證看到海洋動物，還可以到美麗海水族館和元氣村參觀遊玩。美麗海水族館裡飼養了成千上萬的海洋動物，還有幾層樓之高的黑潮之海鯨鯊觀賞區，保證喜歡海洋動物的朋友雀躍萬分。如果想與動物有更親密的接觸，可以參觀同樣是位於名護地區的元氣村，這裡除了提供多種海上活動和文化體驗外，更難得的是遊人可以和海豚一起玩，還能摸摸牠們，甚至和牠們一起游泳呢！

美食佳餚

美食已成為旅遊最不可或缺的一部分了，來到沖繩這個文化交融的地方，當然要感受一下他們特別的美食，如苦瓜料理、沖繩料理、沖繩拉麵、海葡萄丼、苦瓜漢堡、AGU豬、石垣牛、黑糖甜點……，而且價錢不貴，風味又特別，值得一試！

親子同樂

沖繩是一個很適合親子玩樂的地方，在元氣村餵食海豚，在體驗王國參加各種特別文化體驗，在美麗海水族館欣賞美麗魚類，在熱帶水果樂園裡飽餐一頓水果宴，在 BIOS 牧場感受農場生活，還可以親自製作鹽、黑糖、冰淇淋、風獅爺等，不論是大人或小孩，都會玩得流連忘返。

第二篇　行前準備

OKINAWA

去沖繩旅行並不困難，關於日本的資料很容易就能找到，而且因為日本便利商店林立，只要作一些簡單必要的準備，就可以出發了。

行前要做哪些準備？

　　每次準備自助遊，都離不開幾個步驟，只要去一兩次，習慣了之後就能得心應手。行前要做的準備有：

1 選定要去的國家和地區

　　例如，這次的目的地是日本，地區是沖繩本島。

2 查找有沒有前往當地的航班

　　可在一些網站查詢有沒有從原居地前往沖繩的航班，要留意的包括價錢、航班時間、是不是每天都有航班、是否需要轉機、有沒有包含機上用餐及行李等。

3 規劃好要去的景點

　　規劃好要去的地方，例如，我是去本島，以那霸和名護為主，再找一些要去的景點。

4 連接景點的交通及門票收費、營業時間、公休等

　　可以利用 YAHOO 的乘換案內，查出連接各大景點的交通，或是利用當地的旅遊官方網站，查找景點的相關資料。

YAHOO
乘換案內

5 訂好機票及住宿

行程出來後，就可以訂機票了，接著利用訂房網站訂好住宿。

6 準備證件、兌換日圓及購買上網卡

準備好需要的證件，若要自駕需備有台灣駕照的官方日文譯本。

7 購買保險、打包行李

因為日本購物方便，行李以輕便為主。

沖繩旅遊 Step by Step

Step1 蒐集旅遊資訊

如果要自助旅行，第一步驟就是搜集資料，在這個網路發達的年代，除了可以買旅遊書外，也能多利用網上的資源，以下介紹去沖繩旅遊的實用網站及 APP：

景點介紹類

- **VISIT OKINAWA JAPAN**

  以自然及野生動物、世界遺產與傳統文化、沖繩風味、購物與休閒、體驗活動等專題介紹沖繩。

- **Okinawa Traveler**

  美食、購物、住宿、景點一應俱全，更設有交通資訊及特集主題。

交通類：

- バスマップ沖縄

  可查詢來往那霸及沖繩其他地區的巴士路線、時刻表和票價。

- YAHOO 乘換案內

  日本各地的交通連接資料，只要轉入出發地和目的地，就能查找到該怎麼坐車。

- 乘換案內

  跟 YAHOO 乘換功能差不多，但這是手機 APP，而且是中文顯示。

會話及詞彙類：

- 彩圖實境旅遊日語

以各種場合為分類，例如機場、問路、火車站、餐廳等常用日語，不懂怎麼說，只要詢問時向日本人指一指就可以了。

交通類：

- GOOGLE MAP

可計算從出發點到目的地的距離、時間，也可以選擇是否利用收費公路或免費的國道。

- MAPION

可以查到各景點的 MAP CODE，這對一些沒有電話的自然景點特別重要，在自駕時只要輸入 MAP CODE、GPS 就能導航至目的地。

- 樂天租車

可以找出多家租車公司的方案，一些方案甚至比租車公司的官網還要便宜。

Step2　準備證件

　　因為日本是免簽證，出發前只要檢查一下護照是否有效就可以了。

　　如果是自駕，則需要帶台灣駕照的官方翻譯本。

Step3 購買機票

通常在出發前半年就可以開始訂機票，例如前往沖繩時遇上祭典時節，則建議盡早訂好機票。以下是一些訂購便宜機票的小撇步：

如何比價？

建議先到一些購買機票的網站比價，看看哪個方案的價錢比較低。但需要留意的是，如果是訂購廉航機票，行李、選位和用餐都是不包的，需要額外付費，在比價時也需要把這個計算進去，才能找到真正便宜的機票。

比價網站

- EXPEDIA

- TRIP

- 背包客棧

應該在什麼時候購買機票？

一般而言，機票價格會隨著需求而波動，越是接近出發的日子，一些需要緊急出發的客人越願意付更昂貴的費用購票，所以很多航空公司都會出現票價逐步往上調的情況，因此在大多數情況下，越早買票越便宜。但有時航空公司也會不定期推出優惠，又或是在臨近出發前，為了賣掉還沒賣出去的票而降價，所以也可能會有較晚買票還比較便宜的情況。但需要注意的是，如果太晚訂機票，也就不太容易訂到住宿，而等航空公司的優惠就如守株待兔一樣，不一定會有收獲，所以個人建議，還是在訂好了行程後，越早買票越好。

在航空公司官網買票，是不是會更便宜？

因為許多訂機票的網站，例如TRIP，會在買票時收取手續費，所以很多時候我會去航空公司的官網訂票。但也曾遇過航空公司官網的票價比在訂機票網站貴上一截的情況，所以實際情況還是以比價後的結果為準。

買廉航機票有什麼要注意的嗎？

如同之前所說的，選位、行李和用餐是需要額外付費的。另外，廉航的航班時間通常都在凌晨或清早，在訂票前需要確認能在這個時間出發。最後，用餐方面如果沒有預訂好，在機上臨時購買，很多時候也會因為航空公司沒有準備而無法提供，所以在訂票時需要考慮清楚是否需要訂餐。

Step4　預訂旅館

沖繩本島的住宿大都集中在那霸和名護兩大城市，而一些熱門的旅遊地，例如恩納、讀谷、北谷等也有不少住宿地點。住宿的類型可分為以下幾類：

- 豪華飯店及渡假村

特色	▪ 很多豪華飯店都在沙灘附近，或是擁有私人海灘，能從房間看到美麗的海景。 ▪ 飯店的設施齊備，也有不少渡假村提供各種水上活動。
價錢	通常較貴，20000 至 30000 日圓一晚不等。
適合的遊人	預算充裕，喜歡海景，想享受優質住宿的遊人。

- 商務或連鎖飯店

特色	▪ 飯店具備基本設施，例如早餐、上網、洗衣等服務，房間衛生整齊。 ▪ 多數位於交通發達的地方，鄰近單軌電車站或巴士站。
價錢	價錢中等，約 7000 ～ 10000 日圓一晚。
適合的遊人	對住宿要求不高，想節省金錢的遊人。

- 民宿或旅館

特色	▪ 房間多數是日式，睡的是榻榻米。 ▪ 有時需要共用洗手間。 ▪ 可以更深入感受當地文化。
價錢	價錢中等，約 6000 ～ 10000 日圓一晚。
適合的遊人	預算較少，對住宿要求不高，或是想融入當地文化的遊人。

- 膠囊旅館

特色	▪ 空間較小，房間只能容納一人及簡單設備，感覺也不及飯店舒適。 ▪ 需要共用洗手間。
價錢	價錢便宜，約 3000 ～ 5000 日圓一晚。
適合的遊人	預算有限，想節省金錢，不計較地方較小的遊人。

選擇住宿地點時該注意什麼？

在選擇住宿地點時，使用大眾交通工具和自駕的考量會有所不同。若是使用大眾交通工具，以鄰近公車站或單軌電車站為佳；若是自駕的話，距離車站遠一點也可以，但必須要有可停車的位置。

怎樣才能住得又便宜又舒適？

在日本住宿並不便宜，可是如果想住得便宜又舒適，也有不少選擇。

在日本有很多連鎖商務飯店，房價便宜，大概在 7000 至 10000 日圓一晚，比起其他星級飯店動輒要超過 10000 日圓絕對便宜得多。雖然價錢便宜，品質卻一點也不差，基本設施一應俱全，而且很多飯店還很貼心的提供洗衣等服務，不少更包含免費早餐。不少飯店還提供會員優惠，只要付錢加入成為會員，就可以享受半年前即可訂房及以特價訂房的優惠，有的飯店若訂房十晚更會加送一晚。更重要的是，這些飯店的地理位置都很好，大多是在大型交通樞紐附近，很多都設有停車場，對自駕還是使用大眾交通工具的遊人來說都很方便。

總括而言，連鎖商務飯店的服務都很優質，只是設施沒有星級飯店奢華而已，如果對住宿只要求舒服和乾淨衛生，它們絕對是 CP 值很高的選擇，以下介紹一些口碑不錯的沖繩連鎖飯店：

▪ 東橫 INN

特色	▪ 房價便宜。 ▪ 包含免費早餐。 ▪ 會員享有訂房特價優惠，而且訂十晚送一晚。 ▪ 多數在大型車站附近，並設有停車場。
沖繩分店	沖繩那霸國際通美榮橋站 沖繩那霸旭橋站前 沖繩那霸新都心 Omoromachi 沖繩那霸 Omoromachi（新都心）站前 沖繩石垣島

東橫 INN

- **SUPER HOTEL**

特色	▪ 房價便宜（在 JALAN 及樂天訂 SUPER HOTEL 的房間，有時會比在官網訂便宜） ▪ 早餐豐富美味。 ▪ 部分設有大浴場。
沖繩分店	スーパーホテル那霸 新都心 スーパーホテル沖繩 名護 スーパーホテル石垣島

SUPER HOTEL

- **COMFORT HOTEL**

特色	▪ 價錢合理。 ▪ 環境舒適，衛生整齊。
沖繩分店	コンフォートホテル那霸縣廳前 コンフォートホテル那霸泊港 コンフォートホテル石垣島

COMFORT
HOTEL

可以透過哪些途徑訂到住宿？

當預訂住宿時，大家都會使用訂房網站，例如 BOOKING、AGODA、EXPEDIA 等，但如果想訂日本的住宿，雖然使用這些網站也可以，但選擇會較少，價錢也較貴。在這裡介紹兩個很好用的日本訂房網站，不單能訂到星級飯店、連鎖飯店、民宿、膠囊飯店，什麼類型的住宿都可以訂到，選擇多，而且任何價錢都有。

這兩個訂房網站，分別是 JALAN 和樂天，雖然有中文版，但日文版的住宿選擇遠遠比中文版多，而且也不難用，所以較建議使用日文版。要在這兩個網站訂房，都需要先登記成為會員，登記好後，就可以開始訂房了。

比價網站

- 樂天

- JALAN

- BOOKING.COM

- AGODA

- EXPEDIA

如何使用 JALAN 網站訂房

STEP 1 先選好地區

在日本全國圖上選好地區：沖繩，並填好住宿日期及天數，有多少名大人和小孩（子供），是否需要禁煙等。

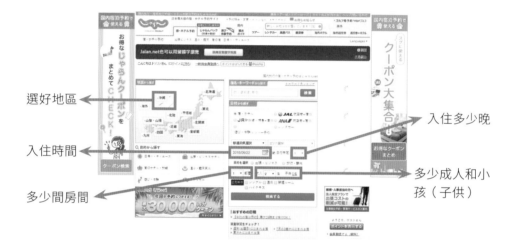

選好地區 ◄

入住時間 ◄

多少間房間 ◄

► 入住多少晚

► 多少成人和小孩（子供）

STEP 2 選擇想住宿的區域

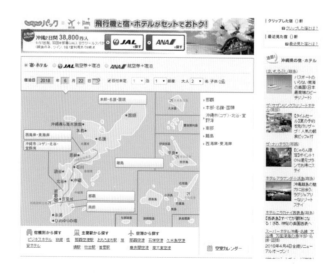

STEP 3　查閱各方案的資料

例如價錢，是否包含早餐等。

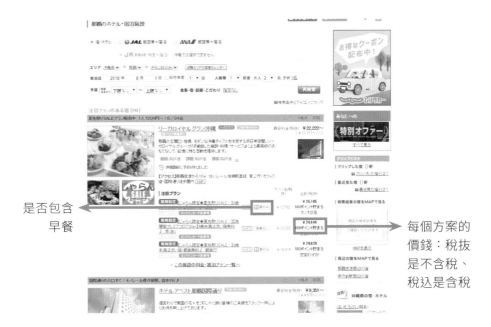

是否包含
早餐

每個方案的
價錢：稅拔
是不含稅、
稅込是含稅

STEP 4　選好後就可以訂房了

請在付錢時再確認資料無誤。

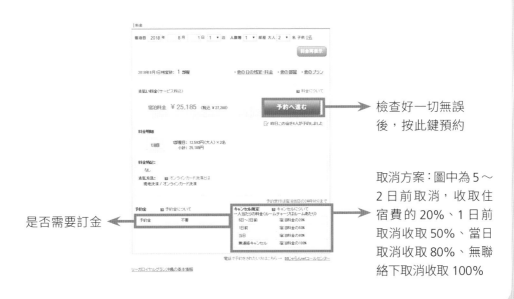

檢查好一切無誤
後，按此鍵預約

取消方案：圖中為 5 ～
2 日前取消，收取住
宿費的 20%、1 日前
取消收取 50%、當日
取消收取 80%、無聯
絡下取消收取 100%

是否需要訂金

訂房網站日常用語的
中日文對照

日語	中文
部屋	房間
子供	小孩
禁煙ルーム	禁煙房
露天風呂付き客室	帶露天浴池的客房
ツイン	雙人房（雙床）
ダブル	雙人房（大床單床）
シングル	單人房
税込	含稅
税別	不含稅
料金	費用
現地決済	到飯店再付款
オンラインカード決済	線上付款
予約金	訂金
食事なし	不含餐
朝食付	含早餐
一泊二食	一晚住宿及包含早、晚餐
素泊	純住宿（不含餐）

房間通常有什麼設備？入住和付費時該注意什麼？

日本的住宿分為西式及和式兩種。星級飯店和連鎖飯店多數都是西式，民宿大多是和式，溫泉旅館則以和式為主（但也有一些西式）。兩種房型都有共通的設備，例如煮水壺、吹風機、電視等，免費 WIFI 在很多日本飯店和旅館都很普及，飯店的房間都設有獨立衛浴，但旅館和民宿有可能要跟其他客人共用衛浴。

另外，因為日本推動環保，有些飯店，還有大多數的民宿都不提供牙膏、牙刷，需要自行準備。日式的房間以榻榻米為主，住宿普通的旅館和民宿，客人需要自己舖床；住宿高級溫泉旅館的話，工作人員會幫忙舖好床舖。西式則以單人床（SINGLE）、兩張雙人床（TWINS）、一張比較大的兩人床（DOUBLE）或是一張比較小的兩人床（SEMI DOUBLE）為主，房價各有不同。

日本的飯店是按人數收費的，例如一人 5000 日圓，兩個人入住就是 10000 日圓。通常 TWINS 和 DOUBLE 房間是同樣價錢，SEMI-DOUBLE 會比較便宜。稅込是指已包含稅金的房價，稅拔是指房價未包含稅金。

入住時，需要向接待櫃枱人員出示訂房單（可以用手機顯示，不用列印出來）及護照，填好資料、付好費用後就可以入住了。飯店提供的房卡，離開飯店時也可以帶著，但如果是一串鎖匙，則需要在離開前先交給接待處保管。

Step5　安排行程

想要規劃自助旅行，只要肯花時間做點功課，其實並不困難，以下是編排自助遊行程的步驟和心得。

❶ 搜集資料

可以透過查看旅遊書或網上的資料，大概先掌握沖繩的地理和主要區域，以及一些著名景點：

N

EMERALD 海灘

美麗海水族館、海洋博公園

本部元氣村

瀨底海灘

瀨底島

本部町

榮町市場

NAHA MAIN PLACE

龍潭池

國際通

弁財天堂

第一牧志公設市場

御菓子御殿

驚安之殿堂

圓覺寺跡

萬座海灘

波之上海灘

萬座毛

波上宮

那霸

BIOS之丘農場

護國寺

恩納村博物館

福州園

仲泊城跡

御菓子御殿

琉球村

恩納村

金武町

AEON MALL

金城町石疊道

青之洞窟

奧武山公園

育陶園

FOREST ADVENTURE

和平通商店街

壺屋通

首里城公園

座喜味城跡

讀谷村

具志川市

壺屋燒物博物館

首里城

殘波岬

GALA青海

嘉手納町

沖繩市

體驗王國

海中道路

東南植物樂園

北谷町

加手納空軍基地

勝連城跡

北中城村

美國村

AMERICAN DEPOT

中村家住宅

宜野灣市

中城村

中城城跡

浦添市

浦添市美術館

那霸

浦添城跡

瀨長島

豐見城市

OUTLET MALL ASHIBINAA

南城市

OKINAWA WORLD

八重瀨町

喜屋武岬

系滿

平和紀念公園

平和紀念資料館

奧武島

新原海灘

齋場御嶽

知念岬公園

邊戶岬

心形石

古宇利海洋塔

勝仁城跡

古宇利島

古宇利大橋

大宜味村

國頭村

東村

屋我地島

海中展望塔

MARUDU瀑布
浦內川獨木舟觀光

名護市

名護鳳梨園
OKINAWA 水果樂園
名護自然動植物公園

名護博物館

ORION HAPPY PARK

大泊海灘

伊計海灘

三天御座

水牛車體驗
亞熱帶植物園

西表島

由布島

西棧橋

喜寶院蒐集館

平久保崎

石垣八重山民俗村

川平灣

石崎海岸
御神崎

米子燒工房
米原沙灘

玉取崎
展望台

石垣島

石垣島鐘乳洞

BANNA公園

竹富島

八重山博物館
EUGLENA MALL商店街

NAGOMI瞭望塔

星砂之濱

KONDOI海灘

與那國町
傳統工藝館

與那國島

立神岩

日本最西端之碑

宇江城城跡

比屋定岬角

具志川城跡

久米島

奧武島之疊石

久米島海龜館

終端之濱

海葡萄養殖工場

西平安名崎

宮古島海中公園

砂山海灘

惠子美術館

前濱沙灘

池間大橋

雪鹽製鹽所

島尻紅樹林

宮古島市
體驗工藝村

宮古島

海寶館
東平安名崎

水納島

- 沖繩本島南部

那霸		
國際通	波上宮	護國寺
和平通商店街	龍潭池	福州園
第一牧志公設市場	弁財天堂	壺屋燒物博物館
首里城公園	圓覺寺跡	育陶園
NAHA MAIN PLACE	金城町石疊道	驚安之殿堂
AEON MALL	榮町市場	御菓子御殿
奧武山公園	波之上海灘	
首里城	壺屋通	

豐見、系滿及南城		
齋場御嶽	OKINAWA WORLD	知念岬公園
新原海灘	平和紀念資料館	ASHIBINAA OUTLET
奧武島	平和紀念公園	
瀨長島	喜屋武岬	

- 沖繩本島中部

浦添、宜野灣		
中村家住宅	浦添城跡	浦添市美術館
中城城跡		

北谷、沖繩市		
美國村	東南植物樂園	加手納空軍基地（只可
AMERICAN DEPOT		外觀）

東海岸		
海中道路	伊計海灘	勝連城跡
大泊海灘	三天御座	

讀谷		
體驗王國	殘波海灘	座喜味城跡
GALA 青海	殘波岬	

恩納		
青之洞窟	恩納村博物館	御菓子御殿（可參與
琉球村	萬座毛	DIY 體驗）
BIOS 之丘農場	萬座海灘	仲泊城跡
FOREST ADVENTURE		

▪ 沖繩本島北部

名護、山原		
美麗海水族館	名護自然動植物公園	ORION HAPPY PARK
海洋博公園	名護鳳梨園	今歸仁城跡
本部元氣村	OKINAWA 水果樂園	名護博物館
古宇利海洋塔	瀨底海灘	邊戶岬
古宇利大橋	EMERALD 海灘	
心形石	海中展望塔	

▪ 石垣島

川平灣	米原沙灘	BANNA 公園
石垣八重山民俗村	御神崎	石垣島鐘乳洞
米子燒工房（風獅爺	平久保崎	八重山博物館
公園）	玉取崎展望台	EUGLENA MALL 商店街
石崎海岸		

▪ 竹富島

星砂之濱	西棧橋	KONDOI 海灘
NAGOMI 瞭望塔	喜寶院蒐集館	

- 由布島

亞熱帶植物園　　　　　　水牛車體驗

- 西表島

Mariyudu 瀑布　　　　　浦內川獨木舟觀光

- 與那國島

立神岩　　　　　　　　　與那國町傳統工藝館　　　日本最西端之碑

- 宮古島

宮古島海中公園　　　　　砂山海灘　　　　　　　　海寶館
惠子美術館　　　　　　　前濱沙灘　　　　　　　　西平安名崎
雪鹽製鹽所　　　　　　　宮古島市體驗工藝村　　　東平安名崎
池間大橋

- 久米島

終端之濱　　　　　　　　具志川城跡　　　　　　　宇江城城跡
奧武島之疊石　　　　　　比屋定岬　　　　　　　　海葡萄養殖工場
久米島海龜館

- 波照間島

星空觀星塔　　　　　　　北濱　　　　　　　　　　日本最南端平和之碑

在編排行程時，首先以旅行天數的長短，決定是以本島為主，還是本島＋外島，還是單純外島的行程。決定好後，就可以安排行程表。

❷ 決定要玩的主要區域

日期	主要區域	景點	交通	用餐及住宿
DAY 1	那霸			
DAY 2	恩納 + 讀谷			
DAY 3	名護			
DAY 4	北谷 + 首里			
DAY 5	回程			

❸ 決定要玩的景點

日期	主要區域	景點	交通	用餐及住宿
DAY 1	那霸	第一牧志公設市場		
DAY 2	恩納 + 讀谷	青之洞窟 萬座毛 體驗王國 琉球村		
DAY 3	名護	美麗海水族館 海洋博公園 OKINAWA 水果樂園 本部元氣村		
DAY 4	北谷 + 首里	美國村 首里城公園 國際通		
DAY 5	回程			

❹ 查看地圖，把景點的先後順序排好：

日期	主要區域	景點	交通	用餐及住宿
DAY 1	那霸	第一牧志公設市場		
DAY 2	恩納 + 讀谷	1. 萬座毛 2. 青之洞窟 3. 琉球村 4. 體驗王國		
DAY 3	名護	1. 美麗海水族館 2. 海洋博公園 3. 本部元氣村 4. OKINAWA 水果樂園		
DAY 4	北谷 + 首里	1. 美國村 2. 首里城公園 3. 國際通		
DAY 5	回程			

❺ 把各景點的交通連接好及安排用餐的地方，最後補上住宿的飯店，就大功告成了！

日期	主要區域	景點	交通	用餐及住宿
DAY 1	那霸	第一牧志公設市場	▪ **機場至那霸市中心** 單軌電車，旭橋、美榮橋、牧志等站下車。	▪ **晚餐** 第一牧志公設市場 ▪ **住宿** XX HOTEL

DAY 2	恩納 + 讀谷	1. 萬座毛 2. 青之洞窟 3. 琉球村 4. 體驗王國	▪ 那霸至萬座毛 120 號巴士，恩納村役場前下車 ▪ 萬座毛至青之洞窟 120 號巴士，久良波站下車 ▪ 青之洞窟至琉球村 120 號巴士，琉球村站下車 ▪ 琉球村到體驗王國 坐計程車，約 15 分鐘 ▪ 體驗王國回那霸 徒步至大當站，坐 28 號巴士，那霸巴士總站下車。	▪ 早餐 飯店內 ▪ 午餐 海ぶどう本店 海葡萄丼 ▪ 晚餐 JEF BURGER 特色漢堡 ▪ 住宿 XX HOTEL
DAY 3	名護	1. 美麗海水族館 2. 海洋博公園 3. 本部元氣村 4. OKINAWA 水果樂園	▪ 那霸至美麗海水族館 在那霸巴士總站坐 117 號巴士，紀念公園前下車 ▪ 美麗海水族館至海洋博公園 徒步 ▪ 美麗海水族館至本部元氣村 步行約 30 分鐘，或計程車約 5 分鐘。 ▪ 元氣村至水果樂園 在垣之內入口站坐 70 號巴士，名櫻大學入口站下車 ▪ 水果樂園回那霸 在名櫻大學入口坐 70 號巴士，在本部博物館前站（到紀念公園）下車，步行至本部博物館前站（到伊豆味、名護），轉乘 117 號巴士，那霸巴士總站下車。	▪ 早餐 飯店內 ▪ 午餐 美麗海水族館內餐廳 ▪ 晚餐 燒肉琉球之牛 ▪ 住宿 XX HOTEL

35

| DAY 4 | 北谷 + 首里 | 1. 美國村
2. 首里城公園
3. 國際通 | ▪ 那霸至美國村
從那霸巴士總站坐28巴士，美滨美国村入口站下車
▪ 美國村至首里城公園
在美滨美国村入口站坐28號巴士，在縣廳北口站（到那霸巴士總站、旭橋）下車，步行至縣廳北口站（到國際街、久茂地），轉乘97號巴士，在山川站下車
▪ 首里城至國際通
單軌電車，美榮橋站下車 | ▪ 早餐
飯店內
▪ 午餐
首里そば沖繩拉麵
▪ 晚餐
花笠食堂沖繩料理
▪ 住宿
XX HOTEL |
| DAY 5 | 回程 | | ▪ 那霸至機場
單軌電車，那霸空港下車 | ▪ 早餐
飯店內
▪ 午餐
空港食堂沖繩料理 |

Step6　兌換日圓

　　建議先在居住地的銀行或兌換店換好一些日圓，去到當地有需要的話可以再換。機場都設有兌換店，優點是很方便，也比較可靠，缺點是匯率會較低。在市區也有兌換店，有需要時再換錢。

查詢匯率網站

▪ YAHOO 外匯換算

Step7　上網漫遊

可以選擇在出發前購買上網卡，會有較多的選擇，價錢也較便宜。購買時，需要留意有些上網卡是有限期的。另外，通常快要到期的上網卡都較便宜，例如到期日是 5 月 31 日，而需要使用的日子是在 5 月 31 日前，就可以買到價錢較便宜的上網卡。如果在出發前忘了購買上網卡，在機場也可以買到，只是選擇會較少，價錢也較貴。

購買上網卡的網站

▪ 奇摩拍賣

▪ 露天拍賣

▪ 蝦皮購物

Step8　購買旅遊保險

旅遊保險可在各大保險公司買到，買保險時需要注意地區和日數，還有注意條款及受保範圍，是否切合需要，旅遊前要確認好。

購買旅遊保險的網站

▪ 台灣人壽

▪ 富邦保險

▪ 安達保險

Step9 行李打包

沖繩的四季都較溫暖，在夏天較炎熱，宜準備清爽輕便的衣服，而在冬季雖不寒冷，但溫度只有十幾度，需要準備好外衣。另外，如果要去沙灘玩耍或進行水上活動，泳衣和防曬用品也是不可少的。至於其他生活用品，因為到處都有便利商店，反而可以盡量簡便，有需要時再買。沖繩的紀念品和伴手禮都很吸引人，記得預留行李箱空間把戰利品帶回來喔！

為了防偷及方便，出遊時可以準備三大法寶：

1. 行李箱：放置衣服、洗盥用品、充電器、戰利品。
2. 隨身背包：放置旅行資料、藥物、當天需要的衣物如泳衣等。
3. 放在身前的小包包：放置證件、信用卡、手機等重要物品。

🌷 行李準備清單 🌷

衣服類

☐ 內衣	☐ 內褲	☐ T恤	☐ 褲子	☐ 外衣
☐ 睡衣	☐ 襪子	☐ 鞋子	☐ 拖鞋	

梳洗類

☐ 牙膏牙刷	☐ 毛巾	☐ 衛生用品	☐ 護膚用品	☐ 皂液及洗髮精

藥物類

☐ 止痛退燒藥	☐ 胃腸藥

游泳及沙灘用品類

☐ 泳衣	☐ 防曬品	☐ 泳鏡	☐ 泳帽	☐ 太陽眼鏡

證件及文件類

☐ 護照	☐ 身份證	☐ 保單	☐ 信用卡	☐ 上網卡
☐ 駕照譯本（自駕用）				

其他類

☐ 雨傘	☐ 水壺	☐ 洗衣袋	☐ 充電器	☐ 相機及記憶卡

沖繩機場

第三篇

OKINAWA

沖繩有四個國際及國內機場,分別是本島的那霸空港、石垣島的石垣空港及宮古島的宮古空港和下地島空港,各個空港和市區之間都有公共交通連接,當中那霸機場的交通工具有單軌電車及巴士,而離島機場則以巴士為主。

從台灣出發

從哪些機場可以直飛沖繩、石垣及宮古？

目前，從台灣桃園機場出發只有前往那霸空港的航班，若需要前往石垣及宮古，需要在那霸空港搭乘。

有哪些交通工具可以抵達機場

機場捷運

- 下車站點：A12 機場第一航廈及 A13 機場第二航廈。
- 首班車：6:07 發車
- 末班車：23:37 發車
- 班距：約每 15 分鐘一班
- 需要時間：從台北到機場需要時間約 35 〜 39 分鐘
- 支付方式：悠遊卡、一卡通或桃園市民卡等
- 票價：以距離計算
- 特點：從台北市區出發，票價較便宜，且可避免塞車。

高鐵

- 下車站點：桃園站下車，再轉乘接駁車前往桃園機場。
- 所需時間：從台北高鐵站至桃園高鐵站約 21 分鐘，接駁車約 20 分鐘
- 班距：尖峰時段 10 〜 15 分鐘，離峰時段 15 〜 20 分鐘。
- 高鐵票價：台北高鐵站往桃園高鐵站 160 元
- 接駁車票價：30 元
- 特點：所需時間與捷運相同，可避免塞車，票價比捷運貴。

計程車

- 所需時間：約 40 分鐘
- 車費：約 1000 元（以台北市區計價）
- 特點：方便，適合多人一起出遊，車費較高。

客運巴士

巴士	發車站點	車班	需要時間	票價
1819	台北車站	15 ～ 20 分鐘	55 分鐘	140 元
1840	松山機場	20 ～ 25 分鐘	50 分鐘	152 元
1841 及 1841A	松山機場	20 ～ 25 分鐘	75 分鐘	93 元
1842	松山機場	20 ～ 30 分鐘	90 分鐘	93 元
1843	南港展覽館	45 ～ 65 分鐘	80 分鐘	145 元
1960	市府轉運站	30 ～ 40 分鐘	60 ～ 70 分鐘	145 元
1961	台北車站	30 ～ 40 分鐘	70 ～ 90 分鐘	90 元
5203	台北市	20 ～ 30 分鐘	60 分鐘	90 元
1860	台中	60 ～ 120 分鐘	2 小時 30 分鐘	300 元

可搭乘哪些航空公司前往沖繩、石垣及宮古？

- 從台灣前往沖繩本島的航班：長榮航空、中華航空、星宇航空、全日空航空、日本航空、台灣虎航、樂桃航空
- 從沖繩本島前往石垣島的航班：空之子航空（Solaseed Air）、日本跨洋航空、全日空航空
- 從沖繩本島前往宮古島的航班：日本跨洋航空、全日空航空

如何辦理出境手續？

CHECK-IN 有什麼手續？

為了預留充足時間進行安檢及辦理過關手續，請於起飛時間 2 ～ 2.5 小時到達機場。到達機場後可以從機場的看板找出乘坐航班的櫃位號碼，

CHECK-IN 時向櫃台人員出示電子機票及護照，以及託運行李。可以因應不同需要選擇窗邊座位（WINDOW SEAT）及通道座位（AISLE SEAT），完成 CHECK-IN 手續後將會取得登機證及行李託運卡。

除了人工 CHECK-IN 外，部分航空公司例如長榮航空及中華航空等也設有自助 CHECK-IN 服務，先掃描護照資料及輸入機票編號，然後選取座位，列印登機證，到指定櫃位辦理行李託運手續，就可以前往海關辦理出境手續了。

如何看懂登機證上的資料？

登機證上的資料包括：航班編號、目的地、登機時間、座位、登機門等。請前往登機證上的登機門等候，並時常留意機場廣播，注意是否有轉換登機閘口的情況出現。

什麼時候登機？

為了預留足夠的時間抵達登機閘口，請注意購物時間，尤其是手提行李較多的時候，因為機上的行李放置架是先到先得的，如果行李較多，請提早排隊等候。

託運行李時應該注意什麼？

在 CHECK-IN 時也會託運行李，請注意以下事項：

1. 需要託運的物品包括利器（例如剪刀、刀片）、超過 100ML 的液體或膏狀物體。
2. 建議手提行李隨身攜帶的物品，包括手機、相機、筆記型電腦、鋰電池和行動電源等。

如何通過安檢及海關？

過安檢時請出示證件及登記證，把 100ML 或以下的液體、膠狀、噴霧類物品及金屬物品放進透明膠袋內，每名旅客只能帶一個透明膠袋。

請注意，以下物品不能攜帶上機：

1. 防狼噴霧
2. 刀類（包括刀型吊飾和剪刀）及尖銳物品類
3. 棍類（包括自拍棒）

抵達日本機場

如何填寫入境表單？

從 2022 年 11 月 14 日開始，所有前往日本的旅客可以使用傳統入境卡，或先在 Visit Japan web 網站填寫好資料，因為 Visit Japan web 可以預先填寫，在入境時只需要掃碼 QR，就可以輕鬆入境，所以較建議選用。以下以圖解方式介紹如何利用 Visit Japan web 填寫入境表單：

（圖片來源：Visit Japan Web 官網：https://vjw-lp.digital.go.jp/）

首先進入 Visit Japan Webapp，按「現在登錄」。

建立新帳號。

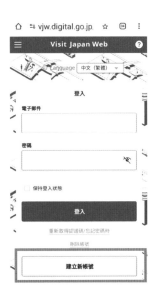

輸入電子郵件地址及密碼。

建立帳號後,就可以輸入電子郵件和密碼登入了。

選擇填寫個人資料。

填寫個人資料。

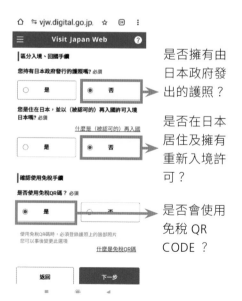

是否擁有由日本政府發出的護照?

是否在日本居住及擁有重新入境許可?

是否會使用免稅 QR CODE?

STEP 7

選擇拍攝護照。

STEP 8

個人資料會自動填好。

STEP 9

登錄。

STEP 10

確認是否需要簽證。

STEP 11

新登錄入境及返回日本預定。

STEP 12

選擇不在複製詳細資料的情況下繼續註冊程序。

STEP 13

填寫有關這次旅行的資料。

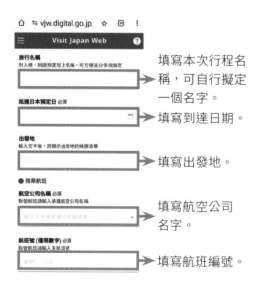

填寫本次行程名稱，可自行擬定一個名字。

填寫到達日期。

填寫出發地。

填寫航空公司名字。

填寫航班編號。

STEP 14

填寫在日本住宿地點的資料。

STEP 15

登錄預定。

STEP 16

記得還要填好入境審查及海關申報。

STEP 17

回答外國人入境審查及海關申報的問題。

STEP 18

填寫好所有資料後，只要顯示 QR
CODE，入境時掃條碼就可以了。

如何看懂機場指標？

以下是經常在機場看到的用語中日文對照：

日語	中文
ターミナル 1	第 1 航廈
航空会社カウンター	出境大廳
空会社カウンター	航空公司櫃檯
便名	航班號碼
行先	目的地
出発時刻	出發時間
手続開始	開櫃時間
手続締切	關櫃時間
国際線出発	國際線出發
国内線出発	國內線出發
危険物	危險物品
荷物	行李
ベルトコンベヤー	行李轉盤
両替所	兌換所
窓口	窗口
ショップ	商店
レストラン	餐廳
お手洗い	洗手間

入境日本時需要接受什麼檢查？

入境檢查的流程如下：

1. 出示護照及入境卡或 Visit Japan web QR code

2 在海關人員指示時，把食指放在指紋機上按壓指紋。

3. 把帽子及眼鏡脫下，進行臉部拍照，作為入境部門的記錄。

4. 海關人員會在護照貼上證明入境旅客是觀光目的的貼紙。由於購買 JR PASS 時需要出示此貼紙，請在接受檢查時留意護照是否有這個貼紙。

如何取回行李？

在接受入境檢查後，可前往行李大廳等待行李，可依照看板上的資訊，根據搭乘的航班號碼前往不同號碼的行李轉盤帶取回行李。拿行李時請注意不要拿錯別人的行李，也請檢查一下行李有否損壞，如果不幸發生破損，需要前往詢問處報告，他們會提供行李損壞報告證明，可憑此證明在回國後向保險公司索償。

那霸、石垣及宮古機場的樓層如何分布？

那霸機場

樓層	
1F	到達及入口大堂
2F	出發登機及候機室
3F	入住大廳
4F	餐廳

石垣機場

樓層	
1F	值機廳及到達大廳
2F	出發大廳及迎送平台
3F	觀望平台

宮古機場

樓層	
1F	到達大廳
2F	出發大廳
3F	觀景台

宮古下地島機場

樓層	
1F	國內線及國際線出發與到達大廳

機場到市區交通

如何從那霸機場前往市區？

單軌電車

- 可到達站點：旭橋站（那霸巴士總站）、美榮橋及牧志站（國際通及牧志公設市場一帶）、おもろまち（新都心，百貨公司集中地）、首里（首里城公園）
- 所需時間：旭橋（約 11 分鐘）、美榮橋及牧志（約 14 分鐘）、おもろまち（19 分鐘）、首里（約 27 分鐘）
- 班距：約每 10 分鐘一班
- 票價：旭橋（270 日圓）、美榮橋、牧志（300 日圓）、首里（340 日圓）

巴士

	到達站點	時刻表	票價	官網
111、117	那霸市、宜野灣市、名護市、沖繩市、117 可到達美麗海水族館	時刻表	那霸巴士總站（260 日圓）、名護巴士總站（2520 日圓）、記念公園前（美麗海水族館 2770 日圓）	沖繩巴士官網
120	那霸市、宜野灣市、浦添市、北谷町、讀谷村、嘉手納町、恩納村、名護市	時刻表	美浜アメリカンビレッジ入口（美國村，900 日圓）、琉球村（1330 日圓）、恩納（1670 日圓）、名護巴士總站（2520 日圓）	沖繩巴士官網

如何從石垣機場前往市區？

巴士

	站點	時刻表	票價	宮網
Karry Kanko 直達巴士	石垣島港碼頭	時刻表	500 日圓	石垣 Karry Kanko 巴士官網
經由 ART HOTEL、ANA INTERCONTINENTAL HOTEL 機場線	日空洲際飯店、日航八重山飯店及石垣島港碼頭	時刻表	540 日圓	石垣巴士官網

計程車

前往地點	所需時間	車費
平久保崎	45 分鐘	約 7100 日圓
玉取崎展望台	25 分鐘	約 3600 日圓
川平公園	40 分鐘	約 5600 日圓
石垣港離島站	25 分鐘	約 3300 日圓
ANA InterContinental Ishigaki Resort	20 分鐘	約 2900 日圓
ART HOTEL ISHIGAKIJIMA	25 分鐘	約 3100 日圓

如何從宮古機場前往市區？

宮古機場

	到達站點	時刻表	票價	官網
宮古協榮巴士 2 號、4 號及 5 號巴士	宮古市內各站點，詳見時刻表	時刻表	各站點收費不同，詳見官網。	宮古巴士官網

下地島機場

	到達站點	時刻表	票價	官網
みやこ下地空港リゾート線	宮古市內各站點，詳見時刻表	時刻表	各站點收費不同，詳見官網。	下地島機場巴士官網

沖繩交通、票券

第四篇

OKINAWA

提到日本的交通工具，不少遊客都大感頭痛，因為交通工具和票券的種類實在太多了，而且路線也複雜得令人不禁眼花撩亂。然而，正因為日本擁有多種不同的交通工具和票券，旅客不僅選擇較多，也能以較超值的價錢物盡其用，只要掌握一些重點和技巧，就可以更有彈性地把各種交通工具自由搭配、靈活使用，讓旅程編排更順利。

認識沖繩的交通

沖繩有哪些常用的交通工具？

沖繩分為本島及離島，本島那霸市內的交通工具以單軌電車為主，若要從那霸前往本島其他地方，可乘坐巴士及觀光巴士，或採用自駕方式。若要前往嘉敷島、座間味島、久米島、渡名喜島等，可以在那霸港乘坐渡輪。若要前往石垣島及宮古島，需要乘坐內陸飛機。

單軌電車

如何乘坐單軌電車？

那霸是沖繩本島最大的城市，市內交通以單軌電車和巴士為主，但因為巴士路線較難掌握，遊人多數會利用單軌電車。

那霸的單軌電車全程共有 19 個站，兩邊的終點站分別為 TEDAKO 浦西和機場，全程車程大約 38 分鐘，其中幾個遊人較常用到的大站包括：

各單軌電車站	周邊重要景點
那霸空港	國際及國內線大樓
小祿	AEON MALL 那霸店
奧武山公園	奧武山公園大滑梯
旭橋	那霸巴士總站、那霸港、波上宮
美榮橋及牧志	國際通、平和通商店街、第一牧志公設市場
安里	榮町市場、壺屋通、壺屋通博物館

おもろまち （Omoromachi）	新都心、MAIN PLACE、各大百貨公司、 沖繩縣立博物館及美術館
首里	首里城公園

浦添前田 ⑱
經塚 ⑰　⑲ Tedako浦西

市立醫院前
古島 ⑫　⑬　⑯ 石嶺

Omoromachi ⑪　儀保 ⑭
DFS　　　首里城　⑮ 首里

牧志
美榮橋 ⑧　⑨
縣政府前 ⑦　⑩ 安里
旭橋 ⑥　國際通

那霸空港 ⑴　⑤ 壺川
那霸空港　奧武山公園
赤嶺 ⑵　⑶ 小禄　⑷ 奧武山公園

單軌電車官網

　車距方面，尖峰時間約 5 ～ 10 分鐘一班，離峰時間約 12 分鐘一班，可至官網參考時刻表。

單軌電車如何收費？

單軌電車是以距離收費的，以下為幾個主要站點的車資表：

單軌電車的單程車票

	那霸機場	旭橋	美榮橋	おもろまち	首里
那霸機場	………	270 日圓	300 日圓	300 日圓	340 日圓
旭橋	270 日圓	………	230 日圓	270 日圓	300 日圓
美榮橋及牧志	300 日圓	230 日圓	………	230 日圓	300 日圓
おもろまち	300 日圓	270 日圓	230 日圓	………	270 日圓
首里	340 日圓	300 日圓	300 日圓	270 日圓	………

如何查詢時刻表和票價？

可以利用單軌電車的官網查詢時刻表及票價，以下以那霸機場為例子：

STEP 1

在時刻表選擇那霸機場

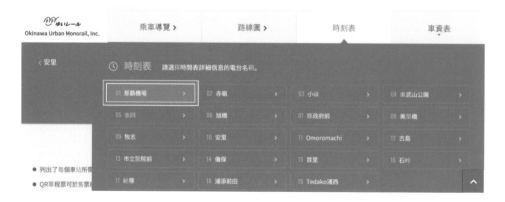

STEP 2

選擇星期一至五或星期六、日及節日

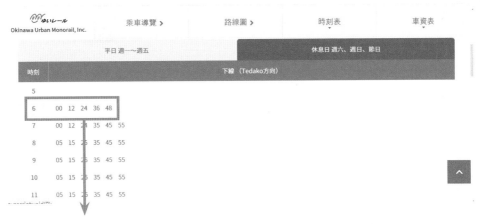

此處顯示列車會在 6:00、
6:12、6:24、6:36 及 6:48
於那霸機場開出。

STEP 3

從車資表選擇那霸機場

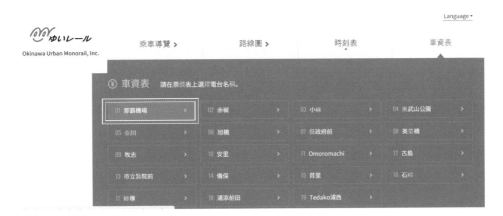

可以在此查詢自那霸機場為起點,前往各個站點的車資。

車站名	一般車費(小孩)	所需時間(分鐘)	距離(km)	上班乘車公票			上學定期		
				1個月	3個月	6個月	1個月	3個月	6個月
那霸機場	-	-	-	-	-	-	-	-	-
赤嶺	230 (120)	4	2	8,580	24,460	46,340	5,530 (2,770)	15,770 (7,890)	29,870 (14,940)
小祿	230 (120)	5	2.8	8,580	24,460	46,340	5,530 (2,770)	15,770 (7,890)	29,870 (14,940)
奧武山公園	270 (140)	7	3.8	10,140	28,900	54,760	6,540 (3,270)	18,640 (9,320)	35,320 (17,660)
壺川	270 (140)	9	4.6	10,140	28,900	54,760	6,540 (3,270)	18,640 (9,320)	35,320 (17,660)
旭橋	270 (140)	11	5.4	10,140	28,900	54,760	6,540 (3,270)	18,640 (9,320)	35,320 (17,660)

乘車導覽 ▸   路線圖 ▸   時刻表   車資表

Okinawa Urban Monorail, Inc.

此處顯示從那霸機場前往小祿的單程票價,成年人需要支付 230 日圓,小孩需要支付 120 日圓,所需時間為 5 分鐘。

看不懂日文該如何購買車票?

即使不會日文,不管是利用自動售票機或人工服務售票,只要跟著以下步驟就可輕鬆完成。

▸ **若是利用自動售票機購票,可以先把界面轉成中文或英文:**

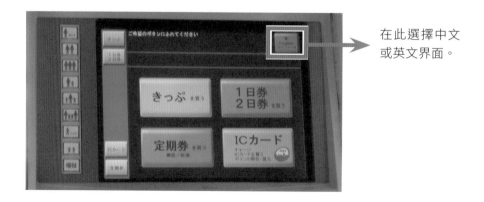

在此選擇中文或英文界面。

▶ 若是利用人工服務售票處，由於地名大多數是漢字，可以先把購票要求寫在字條上：

- ▪ 那霸空港→美榮橋（注：在日文裡，「機場」應寫為「空港」）
- ▪ 片道（片道即單程）
- ▪ 大人 1 名樣 子供 1 名樣（即是一張成人票，一張孩童票）

如何使用自動售票機？

▶ **購票時，不管是單程票或一日券／兩日券，都可以使用自動售票機購買。**

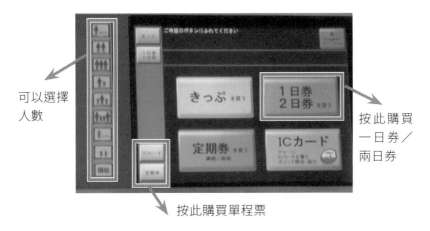

可以選擇人數

按此購買一日券／兩日券

按此購買單程票

▶ **也可以在自動售票機上的看板看到各個站點的車資。**

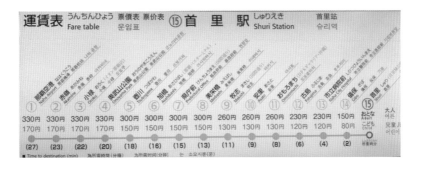

進站需要注意什麼？

進站前可先到自動售票機或利用人工服務買票，如果使用單程票或1日券／2日券，買票後到驗票機驗票（以QR車票條碼部分）就可進站；如果使用IC卡（例如OKICA、SUICA、ICOCA、悠遊卡等），可以輕觸驗票機感應後進站。進站後請依照路線和站點，到正確方向的月台等候，例如想從旭橋前往美榮橋，需要乘坐TEDAKO浦西方向的電車月台；如果想從首里前往牧志，需要乘坐那霸空港（那霸機場）方向的電車月台。

單軌電車的驗票機

單軌電車的人工服務台

前往那霸空港方向列車的月台

我怎麼知道要下車了？

列車上有很清楚的報站看板，地名會以漢字顯示，只要選擇一個可以看到報站看板的位置，就可以知道在什麼時候下車了。如果看不到報站看板，也可以選擇聽報站廣播，會以日文及英文廣播，但使用這方法需要知道站名的英文發音。如果這兩個方法都不能用，則可以開啟GPS，在快要到達目的地時準備下車。在這三個方法中，第一個方法最準確方便，比較推薦使用。

單軌電車上的報站看板，圖中顯示為下一站將到達安里站。

出站時有什麼要注意？

出站的程序跟進站一樣，如果使用單程票或 1 日券／2 日券，以 QR 車票條碼出站；如果使用 IC 卡，把 IC 卡放在驗票機上感應後就可出站。

公車

如何搭乘公車？

公車是除了自駕以外，從那霸前往本島其他地方的另一個方法，可以到那霸巴士總站（旭橋附近）乘坐公車前往北谷（美國村）、恩納（青之洞窟）、讀谷（琉球村）、名護巴士總站、美麗海水族館等地方。沖繩的公車公司共有四間：琉球バス、沖繩バス、東陽バス、那霸バス，分別營運不同的巴士路線。要知道乘坐哪一條線路、需要在哪裡下車、如何轉車等問題，可以利用 GOOGLE MAP 搞定，請參考以下步驟：

STEP 1

輸入起點，如果從那霸出發，最常用的起點是那霸巴士總站。輸入後按下「路線」，就可以輸入目的地。

按此可以輸入目的地

STEP 2

輸入目的地後，選擇搭乘交通工具，就會顯示出所需要的時間和巴士路線資料。

按此顯示搭乘　　輸入目的地：
　　交通工具　　　琉球村

需要在那霸巴士總站第一月台坐 120 號巴士，
每 30 分鐘發車一次，車程共 1 小時 12 分鐘。

按下詳情，可
得到更多資訊

乘站往名護方向的 120 巴士，
在琉球村站下車，步行約 1 分
鐘就可到達。

以下示範另一個需要轉車的例子：

STEP 1

目的地輸入 NEO PARK（名護自然動植物公園）

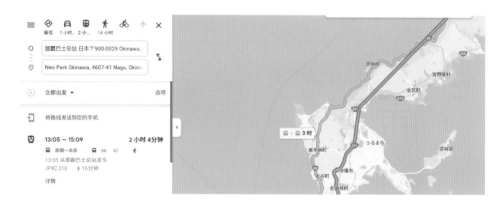

STEP 2

查看坐車的詳情

先坐那霸至本部的公車
到名護巴士總站

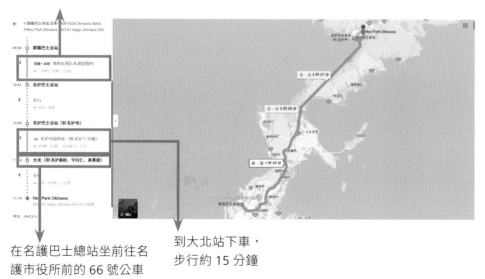

在名護巴士總站坐前往名
護市役所前的 66 號公車

到大北站下車，
步行約 15 分鐘

如何查詢公車時刻表？

在部分巴士官網，都能查看到時刻表。

以下以 20 及 120 號公車為例，示範如何看懂時刻表，例如我想從那霸 BT，即那霸巴士總站前往琉球村，需要坐公車的時間為 9:00 ～ 9:30 左右。

NO	系統	経由	ターミナル前国内線旅客	那霸BT	上之屋	SCSK沖縄センター前	大謝名	伊佐	東京デオオオカレッジ入口	嘉手納	伊良皆	琉球村	ビーチ前ムーン	谷茶の丘	役場前恩納村	ビーチ前万座	ビーチ前ホテルみゆき	リゾート前ブセナ	名護十字路	名護高校前	名護BT
1	20		*	5:45	5:58	6:08	6:15	6:20	6:27	6:42	6:46	6:54	7:02	7:06	7:13	7:14	7:21	7:29	7:45	*	7:53
2	20	為	*	6:00	6:13	6:23	6:30	6:35	6:42	6:57	7:01	7:09	7:17	7:21	7:28	7:29	7:36	7:44	8:00	8:07	8:14
3	20	為	*	6:15	6:28	6:38	6:45	6:50	6:57	7:12	7:16	7:24	7:33	7:37	7:44	7:45	7:52	8:00	8:17	8:24	8:32
4	20		*	6:30	6:43	6:54	7:01	7:06	7:13	7:28	7:32	7:40	7:49	7:53	8:00	8:01	8:08	8:16	8:33	*	8:43
5	20		*	6:50	7:03	7:15	7:23	7:28	7:36	7:51	7:56	8:04	8:13	8:17	8:25	8:26	8:33	8:41	8:58	*	9:07
6	20		*	7:15	7:28	7:40	7:48	7:53	8:01	8:16	8:21	8:29	8:38	8:42	8:50	8:51	8:58	9:06	9:23	*	9:32
7	20		*	7:42	7:57	8:09	8:17	8:22	8:31	8:46	8:51	8:59	9:08	9:12	9:20	9:21	9:28	9:36	9:53	*	10:02
8	20		*	8:15	8:30	8:42	8:50	8:55	9:04	9:19	9:24	9:32	9:41	9:45	9:53	9:54	10:01	10:09	10:26	*	10:35
9	120		8:28	8:40	8:56	9:08	9:16	9:22	9:30	9:41	9:46	9:54	10:02	10:08	10:16	10:17	10:24	10:33	10:53	*	11:02
10	120		8:50	9:02	9:18	9:30	9:38	9:44	9:52	10:03	10:08	10:16	10:25	10:30	10:38	10:39	10:46	10:55	11:15	*	11:24
11	120		9:15	9:27	9:45	9:57	10:05	10:11	10:19	10:31	10:37	10:45	10:54	10:59	11:07	11:08	11:15	11:24	11:44	*	11:53
12	120		9:40	9:52	10:10	10:22	10:30	10:36	10:44	10:56	11:02	11:10	11:19	11:24	11:32	11:33	11:40	11:49	12:04	*	12:13
13	120		10:05	10:17	10:35	10:47	10:55	11:01	11:09	11:21	11:27	11:35	11:44	11:49	11:57	11:58	12:05	12:14	12:29	*	12:38
14	120		10:23	10:35	10:53	11:05	11:13	11:19	11:27	11:39	11:45	11:53	12:02	12:07	12:15	12:16	12:23	12:32	12:47	*	12:56
15	120		10:45	10:57	11:15	11:27	11:35	11:41	11:49	12:01	12:07	12:15	12:24	12:29	12:37	12:38	12:45	12:54	13:09	*	13:18
16	120		11:28	11:40	11:58	12:10	12:18	12:24	12:32	12:44	12:50	12:58	13:07	13:12	13:20	13:21	13:28	13:37	13:52	*	14:01

20名護西線　120名護西空港線　【平日】月～金
下り：名護方面向け

※この時刻表は渋滞その他の理由により若干の変動があることをご承知下さい。

共同運行　沖縄バス㈱・㈱琉球バス交通

平成30年10月1日実施

5:45 ～ 8:15 從那霸 BT 開出的為 20 號公車，8:28 開始從那霸 BT 開出的為 120 公車。

9:00 ～ 9:30 期間從那霸 BT 發車的公車共有兩班，發車時間為 9:02 及 9:27。

若是乘坐 9:02 發車的班次，將會在約 10:16 到達琉球村。

圖片來自沖繩巴士官網（https://okinawabus.com/wp/）

▶ **在巴士站也能查詢時刻表**

公車將於每小時的 10 分和 40 分開出。

公車單程票價為 500 日圓

上車時要注意什麼？

查到了要坐的班次後就可前往巴士站，公車是每站都會停的，但為確保能夠上車也可以招手示意停車。若是坐 1-19 號的公車（市內線），需要在前面上車並先付款，由於車資是統一的，並已於上車時支付，抵達後可以直接下車；20 號以上的巴士多數為市外線，會以距離計算票價，若是使用 IC 卡的需要刷卡，若是使用現金，需要從車門旁邊的整理券抽號機抽取整理券。因為車資是以乘車距離計算，整理券的作用是記錄你在哪一個站上車，在下車時計算需要支付的車資，所以請務必把整理券保管好。

如何知道什麼時候下車？

上巴士後，巴士內有清晰的報站板，請選擇能清楚看到報站板的座位，例如去的是琉球村，當看板上寫著「琉球村」時，就按鈴表示要下車了。如果不能看到看板也沒問題，只要利用手機裡的 GPS，就能知道什麼時候需要下車了。

下車時需要按鈴示意。

下車時需要注意什麼？

　　在下車時，請到司機旁的投幣箱投下車資。要知道需要付多少車資，先看看手上的整理券，對應車資顯示器與你手上的整理券號碼相同之欄位。

　　在支付車資時，若使用現金的話，請把整理券和現金一起投到投幣箱裡。如果沒有零錢也不用擔心，因為可以使用公車上的換鈔機，只要放入 1000 日圓（不接受 5000 及 10000 日圓），就可以換到零錢。若是使用 IC 卡的話，只要下車時再刷卡就可以了。

投幣處（放入整理券及現金）

IC 卡感應器　　換鈔機

可以購買什麼交通票券？

　曾經到過日本旅行的朋友都知道，每個地方都為遊人推出很優惠實用的交通票券，要購買與否，關係到採用哪種交通工具而定。以下為各種交通票券，還有在什麼情況下購買才划算。

沖繩交通票券

那霸市區公車一日券	
日文名稱	**1日乘り放題パスポート**
售價	**大人 780 日圓、兒童 390 日圓**
功用	可在一日內無限次乘坐那霸市區內的巴士。
使用範圍	那霸市內均一區間巴士。
販售地點	那霸營業所（那霸バスターミナル內）、新川營業所、石嶺營業所、具志營業所、空港事務所 那霸市觀光案內所、沖繩ツーリスト OTS ツーリストラウンジ、リウボウ旅行サービス
適用的遊人	會在那霸市內遊玩的人。
使用技巧	把所有那霸市內，巴士可到達的景點安排在同一天內。

各種公車票券

沖繩都市單軌電車一日券／二日券

日文名稱	フリー乘車券
售價	一日券大人 800 日圓、兒童 400 日圓。 二日券大人 1400 日圓、兒童 700 日圓。
功用	從購買時間算起，24 小時或 48 小時內無限乘坐那霸單軌電車。
使用範圍	那霸單軌電車
販售地點	車站售票機
適用的遊人	會在一天內多次乘坐單軌電車的人。
使用技巧	把需要乘坐單軌電車的景點安排在同一天內。

沖繩都市單軌電車一日券
二日券

那霸市區公車 & 電車一日券

日文名稱	バスモノパス
售價	大人 1000 日圓、兒童 500 日圓
功用	可在一日內無限次乘坐那霸市區內的巴士及單軌電車。
使用範圍	那霸市公車、單軌電車路線
販售地點	那霸營業所（那霸バスターミナル內）、新川營業所、石嶺營業所、具志營業所、空港事務所那霸市觀光案內所、沖繩ツーリスト OTS ツーリストラウンジ
適用的遊人	會在那霸市內遊玩，所到的景點有巴士及單軌電車可達的人。

使用技巧	把所有那霸市內，巴士及單軌電車可到達的景點安排在同一天內。

各種公車票券

土日祝一日限定 FREE 乘車券

日文名稱	土日祝 1 日限定フリー乘車券
售價	大人 2340 日圓、兒童 1170 日圓
功用	可在星期六、日、假日或國定假日內，在一天內無限乘坐指定路線。
使用範圍	琉球巴士、那霸巴士全區間（高速巴士除外）、沖繩巴士以及與沖繩巴士共同運營的路線
販售地點	**那霸バス** 那霸營業所（那霸バスターミナル內）、新川營業所、石嶺營業所、具志營業所、糸滿營業所、西原營業所、空港事務所 **琉球バス交通** 那霸營業所（那霸バスターミナル內）、名護營業所、具志川營業所、読谷營業所、宜野灣營業所、豐見城營業所、糸滿營業所、百名營業所
適用的遊人	會乘坐巴士到沖繩其他地區，如名護、讀谷、北谷、恩納等地的人。
使用技巧	若要去沖繩其他地區遊玩，可以盡量把行程安排在假日及星期六、日，就可以配合這票券使用。

各種公車票券

沖繩路線巴士周遊券（一日券／三日券）及 沖繩路線巴士 + 單軌電車周遊券（一日券／三日券）

日文名稱	沖繩路線バス周遊パス及沖繩路線バスモノレール
售價	沖繩路線巴士周遊券 一日券（大人 2500 日圓、兒童 1250 日圓） 三日券（大人 5000 日圓、兒童 2500 日圓） 沖繩路線巴士 + 單軌電車周遊券 一日券（大人 3000 日圓、兒童 1500 日圓） 三日券（大人 5500 日圓、兒童 2750 日圓）
功用	可以在一日或連續三日內，無限搭乘指定路線巴士（沖繩路線巴士周遊券）；以及可以在一日或連續三日內，無限搭乘指定路線巴士及單軌電車（沖繩路線巴士 + 單軌電車周遊券）。
使用範圍	琉球バス交通、那霸バス、沖繩バス、東陽バス及共同運行路線、那霸單軌電車（不包括 111 號、117 號高速巴士、利木津巴士及定期觀光巴士）
販售地點	那霸巴士總站、名護巴士總站、那霸市觀光案內所、RYUBO 旅行 SALON 店、那霸機場觀光洽詢處
適用的遊人	會乘坐巴士到沖繩其他地區，例如名護、讀谷、北谷、恩納等地的人。
使用技巧	把車程較長的景點安排在同一天或連續三天內

沖繩路線巴士周遊券

在什麼情況下購買交通票券才划算？

交通票券雖然很優惠，但並不是什麼情況都適用，以下兩個分別是購買交通票券「可以」和「不可以」省錢的例子：

購買交通票券「可以」省錢的例子：

- 票券：**土日祝一日限定 FREE 乘車券**
- 票價：2340 日圓
- 當日行程：美國村、琉球村、青之洞窟
- 當日所需車程：

車程	交通手段	費用
1. 那霸巴士總站至美國村	坐 28、29 號巴士，美濱美国村入口站下車	840 日圓
2. 美國村至琉球村	120 號巴士，琉球村站下車	710 日圓
3. 琉球村至青之洞窟	120 號巴士，久良波站下車	190 日圓
4. 青之洞窟至那霸巴士總站	120 號巴士，那霸巴士總站下車	1250 日圓

合計：**2990** 日圓

使用票券節省車費：

2990 日圓 -2340 日圓 =650 日圓

在這個情況下，買票券就划算了，不過要注意的是，這票券是在假日才有販售，所以請把這天的行程安排在星期六日。

購買交通票券「不可以」省錢的例子：

- 票券：**沖繩都市單軌電車一日券**
- 票價：800 日圓
- 當日行程：首里城公園、MAIN PLACE、國際通
- 當日所需車程：

車程	交通手段	費用
1. 美榮橋（國際通一帶）至首里城公園	單軌電車，首里城公園站下車。	300 日圓
2. 首里城至 MAIN PLACE	單軌電車，おもろまち站下車。	270 日圓
3. MAIN PLACE 至國際通	單軌電車，美榮橋站下車	230 日圓

合計：**800** 日圓

在這種情況下，買票券和不買票券的車資是一樣的，所以並不能省錢，但若想免去每次排隊買票的麻煩，買一日券也是未嘗不可。

沖繩有哪些 IC 卡？我需要買 IC 卡嗎？

現在，基本上日本各地的 IC 卡都是通用的。SUICA、ICOCA、還有台灣的悠遊卡等也可以在沖繩使用，但目前只限於單軌電車，所以如果已擁有以上 IC 卡，而又只會使用單軌電車的話，不用特意購買 OKICA。如果要在沖繩坐巴士，購買 OKICA 會比較方便。

OKICA 儲值卡	
日文名稱	**OKICA**
售價	票價 1000 日圓、2000 日圓、3000 日圓、4000 日圓、5000 日圓及 10000 日圓，售價內含 500 日圓壓金。
功用	只需要刷卡，就能乘坐各種交通工具，不用準備零錢，目前 OKICA 可在單軌電車及巴士上使用。
使用範圍	沖繩單軌電車及巴士
販售地點	車站售票機
適用的遊人	會多次使用沖繩大眾交通工具的人

OKICA

計程車及觀光計程車

如何搭乘計程車？

很多人在日本旅遊時都會避免使用計程車，主要原因是日本的計程車車資普遍較為昂貴，但在沖繩，計程車車資比日本其他地方較為便宜，車輛的數目也很多，而且因為有些地方使用大眾交通前往不太方便，所以在沖繩旅遊時也可以好好利用計程車。在叫計程車時，只需要招手就可以了。

叫車 APP

- GO/TAXI APP FOR JAPAN

從那霸前往各地的預計車資

地點	車程	車資
沖繩市	約 50 分鐘	約 7000 日圓
恩納	約 70 分鐘	約 14000 ～ 16000 日圓
讀谷	約 70 分鐘	約 8000 ～ 9000 日圓
名護	約 80 分鐘	約 19000 ～ 23000 日圓

國頭村	約 120 分鐘	約 28000 日圓

資料來源：VISIT OKINAWA JAPAN：https://visitokinawajapan.com/

如何預約觀光計程車？

　　觀光計程車的性質類似包車，可以利用它到達沖繩各個景點，特別是大眾交通不便利的景點。司機會兼任導遊工作，向客人介紹一些景點資訊。部分觀光計程車很貼心的為遊客設計了不同的行程，部分則會讓客人自行安排行程，可以把交通不便的景點盡量安排在同一天，以觀光計程車的方式遊玩。

▶ 觀光計程車的租金及所需時間可以到以下網站查閱

觀光計程車

- 沖東交通株式會社官網

- 沖繩島在地生活旅遊官網

▶ 包含熱門景點及較特別景點的觀光計程車路線

路線	景點	官網
琉球世界遺產行程	首里城、園比屋武、御嶽石門、玉陵、齋場御嶽等	
海中道路與神之島行程	伊計海灘、仲原遺跡、果報崖、濱比嘉阿摩美久、志仁禮久等	
本部‧陽光灑落之日悠閒行程	美麗海水族館、備瀨福木林蔭道、一線天大橋（車上欣賞）、古宇利大橋等	
跨越海面之旅	古宇利大橋、一線天大橋（車上欣賞）、海中道路、Niraikanai 理想國度之橋等	
豐富琉球世界遺產行程	今歸仁城址、座喜味城址、勝連城址、中城城址、齋場御嶽、識名園、玉陵、園比屋武御嶽石門、首里城等	

什麼是觀光巴士？如何預訂？

到沖繩旅遊，除了可以自駕和搭乘巴士之外，還能參加觀光巴士的行程。以下為觀光巴士的特色及預訂方法。

觀光巴士有什麼特色？

觀光巴士有以下特色，可以按照自己的需求選擇利用：

1. 觀光巴士是有指定的時間和路線，設有幾條路線，當中包括不同景點。

2. 觀光巴士只是交通手段，所以只有部分路線包含導遊（詳情請參閱官網），遊玩屬自由活動性質。

3. 巴士會在每個景點停留一定時間，司機會在到達景點時告訴客人集合時間，為避免影響行程，大家記得要守時。

4. 只要在出發前在網上訂好，在指定時間及地點集合就可以了，非常方便。

▶ **包含一些熱門景點的觀光巴士路線**

▪ 觀光巴士路線

▶ 一些較熱門的觀光巴士路線

路線	景點	官網
北部巴士一日遊	美國村、古宇利島、美麗海水族館、萬座毛等	
南部巴士一日遊	瀨長島、沖繩世界文化王國、新原海灘、知念岬公園等	
雙層巴士觀光之旅	首里城、美國村、瀨長島等	
宮古島多彩巴士之旅	伊良部大橋、牧山展望台、砂山海灘、西平安名崎、島尻紅樹林公園、烏托邦農場等	
石垣定期觀光巴士之旅	桃林寺、唐人墓、川平公園、米原原始棕櫚林、玉取崎展望台等	

如何在沖繩自駕？

因為沖繩的景點較為分散，很多景點的大眾交通並不方便，而且沖繩的道路系統十分簡單，自駕很容易，再加上有很多租車公司和便宜的租車方案可供選擇，很多遊人都會選擇以自駕的方式暢遊沖繩本島、石垣和宮古島。

如何在網上租車？

沖繩有很多租車公司，如 OTS、BUDGET、ORIX、TOYOTA 等等，除此以外，也可以到租車中介網站：樂天租車（日文）、TOCOO（中文）等進行比價，好處是很多時候會發現一些較便宜的早鳥優惠方案，而且可選擇的租車公司也不少，但需要注意的是，在樂天租車上的租車公司，部分是不會租車給不會日文的客人，因此在租車時需要先確認清楚。

以下介紹如何使用樂天租車網站租車：

STEP 1

輸入資料進行搜索

選擇出發時間及還車時間

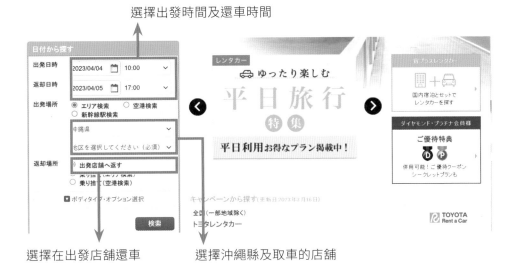

選擇在出發店舖還車　　　　選擇沖繩縣及取車的店舖

STEP 2

可以選擇不同車種，如果沒有特別愛好，請前往 STEP 3。

選擇喜歡的車種，如果人少的話，
選擇小車會較便宜。

STEP 3

選擇其他條件。

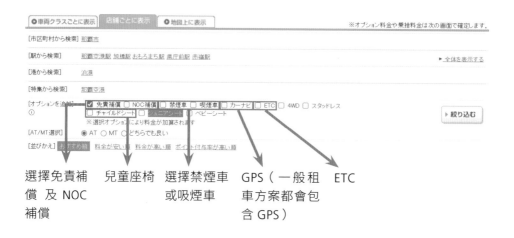

選擇免責補
償 及 NOC
補償

兒童座椅

選擇禁煙車
或吸煙車

GPS（一般租
車方案都會包
含 GPS）

ETC

STEP 4

選擇需要的方案。

基本價錢　　其他選項費用　　總價

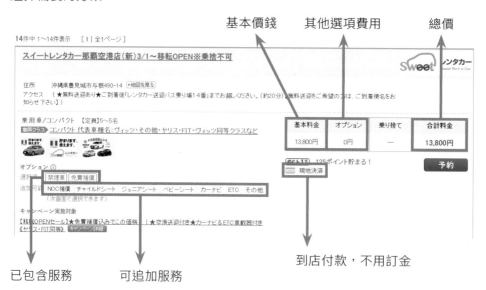

已包含服務　　可追加服務

到店付款，不用訂金

▶ 租車時會用到的術語

術語	
NOC 補償	在發生意外時（只包第一次意外），保險公司都會負擔所有損失，客人無需支付任何賠償。
免責補償	即是包含汽車損害險、汽車損害賠償責任險的基本保險，在發生意外事故，造成汽車或人的損傷時，將會由保險公司支付賠償金額，但當中有一部分為「自負額」，即是需要由客人自行支付。例如自負額是 10000 日圓，即是客人最多只需要負責 10000 日圓的賠償，剩下的會由保險公司承擔。
ETC	Electronic Toll Collection System 系統，在通過高速公路的收費站時，不用在收費處停車繳費，而是通過設有 ETC 的通道，通道的收費機會根據 ETC 卡的 IC 芯片中記錄的使用量收費，可以最快捷的方法通過收費處。如需要使用 ETC 系統，在租車時要一起租用 ETC 卡（部分租車公司沒有租用 ETC 卡服務）。

自駕需要什麼文件？

自駕需要準備護照、台灣駕駛執照及其官方日文譯本，只要按照約定時間前往租車公司，出示租車訂單及相關文件就可以取車了。

取車時需要注意什麼？

取車時請先檢查車輛，如果發現刮痕或其他受損，務必告知工作人員，以作記錄。

如何使用 GPS ？

在使用 GPS 時，可以輸入景點的電話（如主題公園、餐廳、店舖等）或 MAPCODE（一些自然景點，如河流、湖泊、瀑布等），然後開始導航，以下介紹如何使用 GPS（各個品牌的 GPS 操作可能有所差異）供參考：

STEP 1

輸入景點的電話號碼

選擇以電話號碼
搜尋景點

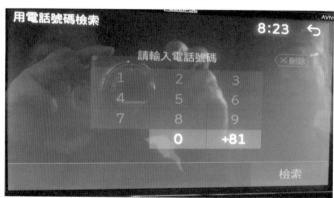

STEP 2

選擇你需要的路線

收費路線

不收費路線

最短的路線

- 利用 MAPION 網站查詢一些自然景點的 MAP CODE

- 利用 TOCOO 租車（中文網站）進行比價

- 利用樂天租車（日文網站）進行比價

自駕期間需要注意些什麼？

注意事項

1. 沖繩只有一條由那霸北上許田（可前往名護）的高速公路，如從國際通出發前往名護，使用高速公路需要 1 小時至 1 小時 30 分鐘，收費為 1610 日圓（那霸至許田，一般收費）及 1040 日圓（那霸至許田，ETC 收費）；使用不收費道路需要 1 小時 20 至 2 小時 50 分鐘，可以按照需要自行決定是否使用高速公路。

2. 若能有兩位或以上的司機輪流開車較為理想，如果只有一位的話，也可以請同行的友人幫忙看 GPS，以及留意四周有沒有休息的地方（如休息站、便利店等），減輕司機負擔。

3. 沖繩的加油站分為自助和人工兩種,在城市內多為人工方式,若選自助的會便宜一點,若在郊區則以自助的為主。如不懂得如何自助加油,建議先到人工加油站時先加好油。

4. 在還車時需要選一個在租車公司附近的加油站加滿油,把單據留下來,然後還車時把單據給租車公司工作人員查看。

5. 要注意還車時間,預留足夠的時間回去還車,若營業所關門了,就只能翌日再還,而且會收取附加費用。

6. 租車公司多數會提供景點的 MAPCODE 及電話,但也可以自己先準備好一份以備不時之需,自然景點以 MAPCODE 為主,博物館、公園、餐廳等用電話號碼導航會較準確。MAPCODE 可以在 MAPION 網站查詢。

7. 先掌握每個景點之間的行車時間,才能好好安排行程,可以利用 GOOGLE MAP 先查出行車距離及時間(可以選擇利用收費公路及免費公路的路線)。

8. 如發生了意外必須報警,否則保險公司將不會賠償。

如何結合各種交通工具
制定行程？

由於不同的地方適合使用不同的交通工具，如果能夠巧妙地結合各種交通工具，遊玩時就會更為順暢了。

我該選擇什麼類型的交通工具？

去沖繩旅遊，多數是三種方法：大眾交通工具、自駕和觀光巴士。以下分析各種交通工具的優點和缺點，可以選擇最適合自己的方法。當然，把各種交通工具結合，例如在那霸市內用大眾交通工具，在沖繩其他地方自駕，或是在自駕或大眾交通工具為主的行程裡加入一、兩天觀光巴士行程也都可以。以我的經驗，前往交通方便的景點，通常會選擇大眾交通工具，比較難抵達的景點會自駕或採用觀光巴士行程，在行程的安排上自由度很大，可以按照自己的需要任意搭配。

下車時需要注意什麼？

	優點	缺點
觀光巴士	1. 不用為交通安排而煩惱。 2. 節省等巴士的時間。 3. 每個景點都有巴士直達，方便快捷。	1. 價錢比一般大眾交通貴。 2. 逗留在各景點的時間有限制。 3. 路線未必涵蓋喜歡的景點。
公共巴士及單軌電車	1. 可以隨自己喜好，安排在景點的停留時間。 2. 可以去一些觀光巴士行程沒有包含的景點。	1. 部分景點是沒有巴士直接接駁，交通安排較困難。 2. 在景點的逗留時間雖比觀光巴士有彈性，但也會受到車班時間限制。

3. 費用比觀光巴士便宜，如果能使用交通優惠票券就會節省更多。	3. 有些景點是沒有巴士到達，又或是需要轉車才能抵達。 4. 需要在出發前多做功課，安排好各景點之間的交通連接。
自駕 1. 可以自由制定行程。 2. 可以去一些公共巴士和觀光巴士都不到的景點。 3. 逗留景點的時間完全自由，不受巴士或觀光巴士的車班時間限制。	1. 連同租車費用及油費，通常比大眾交通和觀光巴士較貴。 2. 在出發前需要辦理好駕照手續。 3. 為避免浪費交通時間，在景點地理位置上，需要掌握得較好，在出發前搜集資料也較多。

沖繩各地區適合使用什麼交通工具遊玩？

因應沖繩每個地區的景點分佈和交通特色，使用適當的交通工具遊玩：

地區	適用的交通工具	原因
那霸市內及首里	單軌電車	1. 車班很多。 2. 容易搭乘。 3. 不用擔心塞車。 4. 能到達多數那霸市內的主要景點。
北谷地區 （美國村）	公車	乘坐公車可以直達。
	自駕	1. 行程自由度較大 2. 不用配合公車的班次。 3. 省去等公車的時間。

讀谷、恩納地區景點	公車	部分景點有巴士直達。
	自駕	1. 行程自由度較大 2. 不用配合公車的班次。 3. 省去等公車的時間。 4. 可以去沒有公車到達的景點。
名護地區景點	公車	主要景點如美麗海水族館、名護鳳梨園、名護水果樂園都有公車直達。
	自駕	1. 行程自由度較大 2. 不用配合公車的班次。 3. 省去等公車的時間。
石垣及宮古島景點	公車	很多景點都沒有公車可以到達。
	自駕	可以自由前往各個景點，包括許多公車不能到達的地方。
	觀光巴士	即使不自駕，也可以遊玩島上的主要景點。
竹富島、西表島及由布島	觀光巴士	1. 島上的巴士路線有限，很多景點都沒有巴士到達。 2. 島上租車公司不多。 3. 很多觀光巴士行程已涵蓋多個主要景點。 4. 即使不自駕，也可以遊玩島上的主要景點。

在使用各種交通工具制定行程時需要注意哪些？

每種交通工具都有其優點及局限，只要因應各自的特色和注意事項，靈活結合運用，就可以讓旅程更為順暢。以下是使用各種交通工具制定行程時需要注意的事項：

交通工具	注意事項
單軌電車	只適合遊玩那霸市內的景點。
公車	1. 沖繩島部分公車的班次很少，在安排行程時需要先查好時刻表，配合車班時間。 2. 沖繩部分景點沒有公車直達，也有部分是需要轉車才可以到達，需要在出發前先在 GOOGLE MAP 查好如何利用交通工具連接各個景點。 3. 使用公車的時間一般比自駕較長，因此不能在同一天內安排太多景點。在制定行程時可以先到 GOOGLE MAP 查詢所需時間，以便制定行程。
自駕	1. 需要注意景點及飯店附近有沒有停車的地方。如需要連續幾天租車，飯店又沒有停車場的話，可以採用即日租，即日還，第二天再重新租車的策略。 2. 在制定行程時，可以先到 GOOGLE MAP 查好各景點的位置，把相鄰的景點排在一起遊玩。也需要先查好前往每個景點所需的時間，決定一天安排多少個景點較為適合。 3. 在那霸市內可能會出現塞車情況，在還車時需要預留充足時間，若租車公司已經關門，只能隔天再還，而且需要支付額外費用。
觀光巴士	1. 雖然觀光巴士行程也可以在當地預訂，但為了安心，較建議在出發前先在旅遊網站訂好。 2. 雖然這是最方便的遊玩方式，但遊玩每個景點的時間都有限制，在指定時間要回到觀光巴士上集合。

沖繩購物

第五篇

OKINAWA

很多去日本旅遊的遊客，都喜歡購買一些紀念品和零食作為伴手禮，而作為一個多種文化交融的地方，沖繩擁有在日本其他地區無法買到、別具特色的伴手禮，其中當然少不了最受大家歡迎的零食，還有一些很有琉球風情的工藝品和生活雜貨呢！記得要在行李箱預留足夠的位置，把滿載而歸的戰利品帶回家喔！

沖繩有什麼值得
買的紀念品和特產？

　　因為沖繩特別的文化，這裡的紀念品和特產都很有特色，這篇介紹來沖繩必買的紀念品和特產。

紀念品類

海洋生物周邊產品

　　參觀完美麗海水族館後，若想將可愛的海洋生物帶回家，可以購買一些玩偶和相關產品，像生活百貨、衣服、文具等。

風獅爺　シーサー, Shi-Sa

　　風獅爺是沖繩的吉祥物，在每個角落都
能見到牠們的身影。在國際通的很多伴手
禮店都能買到。有的造型較傳統，有的較
可愛和卡通化，通常是一對一對的買，可
以買回家當擺設。

帆布袋

　　沖繩的帆布袋設計色彩鮮明，圖
案美觀，質料又好，無論是包包、

錢包、背包都有，男女老幼都適用。

T SHIRT

沖繩的 T SHIRT 很多都是顏色豐
富,圖案設計很有創意,有的甚至
會令人會心一笑,其中很多都是沖
繩限定的款式。

陶器

沖繩的陶器歷史悠久,在那霸的
壺通街有多間的陶器店,除了可以
買到手工精緻的陶器外,也能參與
有趣的陶器 DIY 製作。

珊瑚染

珊瑚染是一種沖繩的傳統藝術，除了可以購買已製作好的珊瑚染產品外，還可以進行 DIY 體驗，印出只屬於自己的藍染圖案 T SHIRT。

特產類

黑糖製品

黑糖是一種有益健康的食品，在沖繩可以把一袋袋已包裝好的黑糖買回家，也可購買一些黑糖製品，如餅乾、糖果等。

紅芋塔

紅芋是沖繩著名的特產，用紅芋做成的紅芋塔，味道不會太甜，口感幼滑柔軟，帶著清新的紅芋香味，在很多地方都有販售，其中以御菓子御殿的紅芋塔人氣最高。

海鹽製品

有些人喜歡把一包包的海鹽帶回家，也有些人喜歡海鹽製品，像雪花鹽餅乾、鹽味金楚糕等。

年輪蛋糕

年輪蛋糕在日本很多地方都有，但沖繩的 FUKUGIYA 年輪蛋糕非常值得一試，它曾獲選為沖繩最優秀的年輪蛋糕。除了較常見的蜂蜜外，

還有沖繩風味濃厚的黑糖口味，口感鬆軟，層次感豐富，味道清新不膩。

金楚糕

這種沖繩的代表性糕點，在很多伴手禮店都能買到，有的是原味，有的是一些特別的口味，如紅芋、海鹽等。

泡盛

泡盛是一種沖繩特有的酒，因為是採用蒸餾製作，跟日本的清酒感覺很不一樣。泡盛的種類有很多，喜歡喝酒的朋友不妨試試。

ROYCE＇巧克力餅

ROYCE＇是北海道著名的巧克力品牌，相信很多人都品嚐過了。而在沖繩，可以找到一種特別版，加了鹽的巧克力餅，還有鳳梨味和黑糖味，跟一般吃的ROYCE＇截然不同，充滿了沖繩風味。

鳳梨食品及飲品

沖繩因為亞熱帶氣候，盛產各種水果，其中一種是又鮮甜又多汁的鳳梨。由於沖繩北部地區的土壤較適合鳳梨生長，可以種植出酸味和甜味適中，既可口又包含豐富的維他命 C。更讚的是，除了把鳳梨作為飯後水果以外，也能享用各種用鳳梨製成的糖果、餅乾等，這些都可以在沖繩鳳梨園買到，而且不只吃的更有玩的，還可以把可愛的鳳梨玩偶抱回家呢！

沖繩啤酒

除了泡盛以外，沖繩的啤酒也很著名，ORION 是當中最為人知的品牌，採用了伊江島產的大麥、稻米及山原淨水，經過多個一絲不苟的工序，製作出口感綿密細緻，入口清爽芬芳，在夏天喝一口會感到份外滋味可口的優質啤酒。除了一般的口味以外，由於沖繩盛產鳳梨，在這裡還可以喝到充滿琉球風味，令人想一試再試的鳳梨果味啤酒，喜歡啤酒和水果味啤酒的朋友千萬不要錯過喔！

退稅**需要辦理什麼手續？**

只要在貼有 TAX FREE SHOP 的店舖購物達到未稅金額（稅拔）5000 日圓以上（不包含 5000 日圓）及 50 萬日圓以下，就可以退稅。現在，一般物品（例如衣服、鞋襪、電器等）和消耗品（例如食品、飲品、藥物等），可以加起來計算，例如我以不含稅的價錢買了 2000 日圓的一般物品、3001 日圓的食品，合起來計算是 5001 日圓，即可以退稅了。

目前退稅的手續仍可在店舖裡進行，但日本政府已有計劃在 2025 年實行新政策，規定遊客必須在機場辦理退稅手續。現在客人可以使用兩個方法退稅：1. 出示護照；2. 出示 VISIT JAPAN WEB 手機應用程式裡的免稅 QR CODE。

日本的退稅有兩種，一種是百貨公司，另一種是店舖。

▶ **退稅步驟**

百貨公司退稅（需在同一間百貨公司購物）

1 在各個櫃台購物時，先把單據留下。

2 把所有收集好的單據，拿到百貨公司的退稅服務櫃台，出示護照或 VISIT JAPAN WEB 裡的 QR CODE（如擔心護照會遺失，較推薦使用 VISIT JAPAN WEB 裡的 QR CODE），工作人員會把資料以電子方式傳送到海關的系統。

3 工作人員會把你買的物品放在袋子裡封好，也會把稅項以現金退給客人，所有貨品在計價時都會以不含稅的價錢計價。例如使用信用卡，稅項可以現金方式退回，或直接退到信用卡帳戶內。

溫馨提示：在離開日本前，袋子都不能打開，拆封後有可能會被徵回稅款，所以如果購買的物品部分是準備在日本使用的，可以請店員分開計價。

4 請在購物後保留單據，在離開日本時，把免稅物品及單據隨身攜帶以供檢查，但若免稅物品是液體的話，則需要託運。

在個別店舖退稅 （只能在標明有退稅服務的店舖退稅）

1 結帳時到店舖的退稅櫃台，出示護照或 VISIT JAPAN WEB 裡的 QR CODE（例如擔心護照會遺失，比較推薦使用 VISIT JAPAN WEB 裡的 QR CODE），店員會把資料以電子方式傳送到海關的系統，購買貨品時就可以免稅價格結帳（部分店舖會讓購買者先以含稅價格付帳，再到指定櫃台辦理手續及退回稅款；也有部分店舖可直接以免稅的價錢用現金或信用卡結帳，做法因店舖而異）。

2 工作人員會把你買的物品放在袋子裡封好，所有貨品在計價時都會以不含稅的價錢計價。

溫馨提示：在離開日本前，袋子都不能打開，拆封後有可能會被徵回稅款，所以如果購買的物品部分是準備在日本使用的，可以請店員分開計價。

3 請在購物後保留單據，在離開日本時，把免稅物品及單據隨身攜帶以供檢查，但若免稅物品是液體的話，則需要託運。

第六篇

沖繩美食、餐廳

OKINAWA

美食已成為旅行的重要一部分，特別是日本，不吃遍各種美食，實在太對不起自己了。沖繩物產豐富，而且因為四面環海，出產的美食既五花八門又質高味美，當然絕對不能錯過啦！

不懂日文，該如何點餐？

對很多旅客來說，擁有豐富美食文化底蘊的日本，向來都是充滿吸引力的美食天堂，然而卻難免擔心語言障礙會造成點餐上的困難。其實只要懂得一些小技巧，就可以輕輕鬆鬆，毫無難度地點餐了！

善用食物模型

日本很多餐廳門外都有食物模型，只要把想吃的菜式拍下來，然後給店員看就可以了。

利用簡單的日語

在需要點餐的時候，只要說一句 Sumimasen（相當於英語的 Excuse me 及中文的不好意思），就能引起服務人員的注意，也有一些餐廳設有按鐘點餐功能，只要按一下桌上的按鈕，服務人員就會知道你需要點餐了。點完餐後可以用英語說些 Thank you 或用日語說聲 Arigato gozaimasu 就可以了。在結帳時只要把單據拿到櫃台結帳，基本上在用餐流程需要用語言表達的機會並不多。

善用身體語言和簡單英語

很多旅遊區的餐廳店員都聽得懂簡單的英語，例如想要點拉麵，就指著菜單裡的圖片或文字，再說 This one，也可以豎起一隻手指，代表要一客。

利用圖文並茂的菜單或中英文菜單

一些餐廳會提供英語或中文菜單，可以用簡單的英語詢問 Chinese menu? English menu? 若是沒有也沒關係，很多菜單都是圖文並茂，看圖識字很方便簡單。

沖繩有什麼類型餐廳?

沖繩的餐廳類型基本上跟日本其他地區差不多,但也有一些具自身特色的食店,以下為沖繩各類型的餐廳。

燒肉店

因為石垣牛十分著名,沖繩有很多燒肉店,都提供石垣的名物石垣牛,也有一些提供普通的國產牛。客人可以點各種份量的生肉和配菜,然後進行自助鐵網燒烤。燒肉店多數是豬肉和牛肉為主,島上很多燒肉店都會提供沖繩著名的石垣牛和 AGU 豬,另外也有便宜一點的國產牛肉和豬肉。一些較著名的燒肉店在用餐高峰時段客人會較多,而且由於燒肉需要時間,每一桌客人的用餐時間都會較長,建議在離峰時間用餐,或先向餐廳預約。

日式餐廳

沖繩也有一些提供日式料理的餐廳,例如壽司、丼飯、蕎麥麵等,其中推薦海鮮丼餐廳,除了一般的海鮮外,千萬別錯過沖繩特有的海葡萄丼,這是在日本其他地方不常見到的呢!另外,有些日式餐廳也會提供沖繩料理,但比食堂高級,價錢也較貴,部分還有沖繩傳統歌舞表演,客人可以一邊欣賞,一邊進餐。

沖繩料理食堂

　　沖繩有一些專門提供沖繩料理，價廉物美的食堂，價錢很大眾化，一個套餐大約幾百日圓，而且食物充滿濃厚的琉球風情，食堂以提供沖繩傳統家庭料理為主，食材有苦瓜、豆腐、水雲等，沖繩家庭料理在日本其他地方較少能吃到，很推薦大家試試。

居酒屋

　　居酒屋即是類似酒吧，沖繩的酒吧集中在國際通一帶，晚上營業，客人可以一邊品酒，一邊享用小食。如果到沖繩的居酒屋，可以試試沖繩出產的啤酒 ORION 或泡盛。需要注意的是，部分居酒屋是不會接待不懂日文的客人。

西餐廳

　　因為受到美國文化影響，沖繩有不少提供美式料理的餐廳，例如牛排店、漢堡店，還有專門供應塔可飯的餐廳。

拉麵店

　　島上有多間拉麵店，很多都提供沖繩拉麵，多集中在那霸一帶。除了傳統的沖繩拉麵外，有些店舖也會供應揉合了創新和傳統的拉麵。

茶屋及咖啡店

　　以輕食為主，提供義大利麵、薄餅等，以及各式飲品，包括沖繩茶，咖啡等。沖繩很多茶屋的環境都很優美，有些甚至可以看到大海，是想悠閒用餐的好選擇。

沖繩有什麼必吃的美食？

　　因為琉球文化跟日本其他地方截然不同，沖繩的料理和其他日本料理也有很大分別，很多都是來這裡才能吃到的沖繩限定。這些美食當中，從較高價的石垣牛，到較平民的沖繩料理都有，各式各樣，可依不同的預算和喜好選擇。

大宜味村

今歸仁村

本部町

名護市　　　I　むかしむかし P.115

百年古家 大家 P.113　E

東村

F　乃我那霸豬肉店 P.113

炭火七輪OBA之家 P.110　B

元祖海ぶどう P.118　L ── U　琉球銘菓：三矢本舖沙翁 P.124

恩納村

宜野座村

金武町

P　KING TACOS P.121

W　琉冰おんなの駅水果刨冰、沖繩紅豆湯 P.125

石垣島

讀谷村

M　海人食堂 P.119

嘉手納村

O　TACO RICE CAFÉ KIJIMUNA P.121

北谷町

沖繩市

北中城村

A　石垣島北內牧場 P.110

宜野灣市

那霸市

D　燒肉琉球之牛 P.111

浦添市

西原町

BLUE SEAL 冰淇淋 P.122　Q

R　塩屋鹽味
冰淇淋 P.123

首里そば P.114　G

那霸市

燒肉華 P.111　C

oHacorte
水果塔 P.125　V

南風原町

J　花笠食堂 P.116

豐見城市

N　JEF BURGER
P.120

空港食堂
P.117　K

八重瀬町

FUKUGIYA年輪蛋糕 P.124　T

南城市

御菓子御殿紅芋塔 P.123　S

糸滿市

銘菓継承謝花きっぱん店 P.126　X

H　田舍公設市場
前南店 P.115

石垣牛

石垣是沖繩著名的外島，其名聲或多或少都是來自那聞名天下的特產：石垣牛。日本和牛的肉質之美，品質之高，向來都是受到肯定的。日本各地都會出品不同的牛肉，如神戶牛、宮崎牛、佐賀牛、松板牛、飛驒牛等，而石垣也有它引以為傲的石垣牛。

石垣牛有什麼特別之處？

就如其他地方的牛一樣，石垣牛的生產地和品質都是有嚴格要求的。它必須是石垣市或八重山郡出產，是一種黑毛和牛，每一隻都有自己的履歷和證明書，說明了牛的家族史、出品的牧場、牧場主人等資料，絕對是身份的象徵呢！雄性的去勢牛和雌性的牛會在出生後 20～40 個月之間屠宰，共分為五級：1 至 3 級是銘產，4 及 5 級是特選，價錢也會因級數不同，如預算充裕，當然要試試 4 級及 5 級的牛肉，品質比銘產優勝很多的喔！

吃石垣牛時應該怎麼點餐？

在挑選餐廳時，可選一些有自家牧場的餐廳，如果要求不高，可選擇一些石垣牛套餐，所用的牛肉都是石垣牛，但都不是頂級的，這些套餐的價錢大約在 3000～5000 日圓左右。如果要求較高，可選擇牛排套餐，這通常會貴一點，大約在 10000～90000 日圓以上不等，也可選擇較便宜的骰子牛。需要注意的是，一般來說，午餐的優惠會較多，餐廳時常會推出特惠套餐，同一款牛肉，可能會比晚上便宜，所以在行程安排時，可以盡量安排中午吃石垣牛。另外，溫馨提醒的是，一些燒肉店並不是單單賣石垣牛，如果菜單上寫著的是「國產牛」，那並非是石垣牛肉，價錢也便宜一大截，在點餐時需要注意。

🍴 推薦餐廳

A 石垣島北內牧場

- 擁有自家牧場，牛肉都是新鮮運達。
- 飼料十分講究，牛的肉質也很豐腴。
- 入口即化，油脂適中，感覺清爽，並不油膩。
- 除了牛肉外，也有特選牛五花、牛里肌、厚切鹽牛舌等可供選擇。

石垣島北內牧場

- 沖繩縣石垣市濱崎町 2-3-24
- 098-083-7000
- 11:30 ～ 14:30、16:30 ～ 22:00（最後點餐時間 21:30），11 ～ 2 月期間星期二、星期三休息。
- 從石垣巴士總站步行約 12 分鐘

官網 　地圖

B 炭火七輪 OBA 之家

- 餐廳是傳統琉球民家改裝，風味濃厚。
- 牛肉是用傳統炭火爐燒製，肉汁保存得很好。
- 價錢較便宜，除了牛肉外，更可吃到亞咕豬。
- 除了燒肉，還提供海葡萄等多種套餐料理。

炭火七輪 OBA 之家

- 沖繩縣名護市幸喜 71-2
- 050-5485-5676
- 17:00 ～ 23:00（最後點餐時間 22:30）
- 從名護巴士總站坐 20 或 120 號巴士，在「幸喜站」下車，步行約 1 分鐘

官網 　地圖

C 燒肉華

- 廚師有 30 多年經驗，廚藝精湛。
- 專門提供 A4 及 A5 級牛肉。
- 位於那霸的繁榮街道，交通方便。

燒肉華

- 沖繩縣那霸市松山 1-12-5 パステル八重洲 1F
- 098-866-1133
- 17:00 ～ 24:00，星期日及假日 17:00 ～ 23:00
- 從單軌電車「縣廳前站」步行約 10 分鐘

官網

地圖

D 燒肉琉球之牛

- 人氣名店，用餐時間常大排長龍，建議在中午光顧，也可預約。
- 肉質口感好，清爽不油膩，廣受好評。
- 牛排套餐配菜豐富，能吃得很滿足。
- 除了燒肉外，更提供牛肉特選壽司。

燒肉琉球之牛

- 沖繩縣那霸市牧志 3 丁目 2-3Hachimine Crystal 3 階
- 098-987-6150
- 17:00 ～ 22:30（最後點餐時間 21:40）
- 從單軌電車「牧志站」步行約 6 分鐘

官網

地圖

AGU 豬

除了石垣牛，另一種來到沖繩不容錯過的美食就是 AGU（阿古豬）了，能成為沖繩的人氣美食，當然比一般豬肉有過人之處。

AGU 豬為什麼特別好吃？

AGU 豬比其他豬肉健康，因為膽固醇只有其他豬的四分之一，多吃一點也很放心。而且 AGU 豬有豐富的維他命 B1，可以幫助消除疲勞。除了營養價值，它的美味程度也絕不是一般豬肉可比擬，霜降的比例較多，入口即溶，口感甚佳，肉汁豐富，可說是豬肉中的極品。

我該點哪個部分？

可以按個人喜好挑選喜歡的部分：

1. 梅花肉：是較肥的部分，脂肪較多，味道濃郁，口感很好，只是因為脂肪較多，不太健康，不宜多吃。

2. 大里脊及小里脊：沒有什麼脂肪，口感很嫩，適合想吃得健康一點的食客。

3. 後腿肉：因為這是豬經常活動的部位，脂肪較少，也很適合不想吃肥肉的人。

4. 五花肉：豬的肚子部分，味道較濃郁，口感較粗，適合想吃出濃密肉質的人。

怎麼吃 AGU 豬？

吃法主要有兩種：燒肉和涮涮鍋，風味各不同，到餐廳時可以每種點一份，就能品嚐到兩種美味了。

推薦餐廳

E 百年古家 大家

- 人氣很高,歷史悠久的名店,時常大排長龍。
- 中午提供優惠套餐,如涮涮鍋、AGU 豬套餐、燒肉蓋飯等。
- 採用 100% AGU 豬肉,而且價錢合理。
- 肉質甜美,沒有雜味,口感特佳,是一家水準很高的名店。

百年古家 大家

- 沖繩縣名護市中山 90
- 098-053-0280
- 11:00 ～ 16:00(最後點餐時間 15:30),
  18:00 ～ 21:00 (最後點餐時間 20:00)
- 從名護巴士總站坐 70 號巴士,在「第一中山站」下車,步行約 10 分鐘

官網　　　　地圖

F 乃我那霸豬肉店

- 以燒肉為主,搭配各種豐富的蔬菜和菇類,口感清新。
- 可以選擇豐富又超值的組合套餐。
- 價錢從最便宜的 1000 至 4000 多日圓的都有。

乃我那霸豬肉店

- 沖繩縣名護市宮里 1410-12F
- 098-043-5369
- 11:30 ～ 15:00(最後點餐時間 14:30、最晚入場時間 14:15)及 17:30 ～ 22:30(最後點餐時間 22:00、最晚入場時間 21:30),星期三休息
- 從名護巴士總站步行約 25 分鐘,或坐計程車約 7 分鐘

官網　　　　地圖

沖繩麵

很多人去日本都會吃拉麵，對於遊人來說，或許分不清種類繁多的各種拉麵有什麼不同之處。其實，拉麵的麵條製作、配料、湯底、口感、味道等，都會因應不同地方出品而不一樣。既然來到沖繩，當然要來一客充滿南國風情的沖繩拉麵了！

什麼是沖繩麵？

沖繩拉麵是用小麥製成，麵條彈性較高，呈黃色，通常是略扁的長條形狀，湯底以豬肉、柴魚、海帶、醬油熬成，有些店家更會用質優的 AGU 豬肉熬湯。拉麵的配料有豬肉、魚糕片、葱花等，豬肉中最常見的三層肉、豬肋排等，吃得豪華一點，還可以加上豬腳呢！

如何製作不同口味的沖繩麵？

想試試創造出不同口味的沖繩麵，就需要靠調味料的幫助了。不怕吃辣的人，可以試試加入一種傳統的沖繩調味料：Koregusu，是用泡盛加島辣椒製成的，加入麵裡會讓麵條更添香辣，味道會較濃烈鮮明。如果不能吃太辣，也可以試試加入紅生薑或其他辛香料，讓調味料和湯頭交織出更難忘的味道。

✕ 推薦餐廳

G 首里そば

- 不單在觀光客中人氣很高，連本地人都很推薦。
- 味道濃郁，但卻清爽，不會很鹹。
- 麵條是手打的，品質嚴格控制，有彈性，口感很好。

首里そば

- 沖繩縣那霸市首里赤田町 1-7 ギャラリーしろま内
- 098-884-0556
- 11:30 ～ 14:00 （星期四、日休息）
- 從單軌電車「首里站」步行約 6 分鐘

地圖

H 田舍 公設市場前南店

- 可以吃到美味的豬腳麵。
- 排骨麵既便宜又美味。

田舍 公設市場前南店

地圖

- 沖繩縣那霸市松尾 2-10-20
- 909-786-0501
- 星期一～五 10:00 ～ 18:30（最後點餐時間 18:20）
  星期六、日及假期 10:00 ～ 18:30（最後點餐時間 18:20）
- 從單軌電車「牧志站」步行約 12 分鐘

I むかしむかし

- 招牌菜式為蔬菜麵，清新又有益健康。
- 蔬菜麵的材料豐富，有青木瓜、苦瓜、紅蕪菁、艾草、陽光生菜、芥菜、
  紅蘿蔔、小松菜、青江菜等，當然也少不了沖繩麵必有的三層肉。

むかしむかし

地圖

- 沖繩縣名護市中山 694-1
- 098-054-4605
- 11:30 ～ 18:00（第二、第四個星期四休息）
- 從名護巴士總站坐 70 號巴士，在「第二中山站」下車，
  步行約 3 分鐘

沖繩料理

常去日本的朋友，對日本料理一定很熟悉，但因為沖繩的文化較獨特，當地的料理也和日本其他地方不太一樣。

沖繩料理有什麼特色？

沖繩的料理都是以沖繩當地的食材為主，採用盛產的蔬菜和水果，因為受到東南亞料理影響，會使用較多的草藥與香料。因為養豬畜牧發達，沖繩料理常以豬肉為主，和日本其他地方以海鮮為主截然不同。

沖繩料理有什麼特別菜式？

最常見的有苦瓜炒雞蛋、炒苦瓜、燉豬肉塊、鹽烤豬腳、田芋丸子、苦瓜炒雜錦、島產蔬菜天婦羅等。

🍴 推薦餐廳

Ｊ 花笠食堂

- 價錢便宜，很多定食都只需要 1000 日圓以下，但品質都很好，CP 值高。
- 套餐選擇多，份量也很足夠。
- 位於第一牧志公設市場附近，方便易找。
- 設有食物模型和圖文並茂的菜單，點菜容易。

花笠食堂

- 沖繩縣那霸市牧志 3-2-48
- 098-866-6085
- 11:00 ～ 14:00、18:00 ～ 19:00（星期四休息）
- 從單軌電車「牧志站」步行約 10 分鐘

地圖

K 空港食堂

- 位於那霸空港，可在坐飛機前先飽餐一頓。
- 每天都有不同菜式，選擇多樣。
- 價錢便宜，一份飯菜只需要 750 日圓左右。
- 以家常料理為主，道地美味。

空港食堂

- 沖繩縣那霸市鏡水 150 F 那霸空港
- 9:00 ～ 20:00（最後點餐時間 19:30）
- 098-840-1140
- 從單軌電車「那霸空港站」步行約 10 分鐘

官網 地圖

海葡萄

什麼是海葡萄？

來到沖繩，一定要試試這裡的名物海葡萄！它是一種海藻，形狀很像一串串的葡萄，營養豐富，含鈣量是牛奶的五倍，是一種具風味，對身體又健康的美食。分為天然生長和人工養殖，顏色透亮的才是優質的海葡萄，若顏色較暗，味道也會稍差。海葡萄的口感有點硬硬的，吃的時候會洋溢著海水的味道，可以用來製作海葡萄丼、冰淇淋等食品，是沖繩料理中常見的食材。喜歡的朋友不僅可以在當地試一客海葡萄丼，更可以把包裝好的海葡萄帶回家裡。

🍴 推薦餐廳

🄻 元祖海ぶどう

- 人氣超高，很多名人也曾光顧。
- 是海葡萄料理的元祖店。
- 有多款套餐供應，價錢合理。

元祖海ぶどう

官網　　　地圖

- 沖繩縣國頭郡恩納村恩納 2767
- 098-966-2588
- 11 ～ 2 月 11:00 ～ 18:00（最後點餐時間 17:30）、星期六日 11:00 ～ 15:00（最後點餐時間 14:30）；3 ～ 10 月 11:00 ～ 19:00（最後點餐時間 18:30）
- 從那霸巴士總站坐 120 號巴士，在「恩納村役場前站」下車，步行約 15 分鐘

M 海人食堂

- 位於都屋漁港，食材由漁港直接供應，保證新鮮，價格親民，提供優質的海鮮丼。位置較偏僻，但由於廣受好評，很多遊客都慕名而來。
- 以自動販賣機方式自助點餐，方便快捷，而且由於提供圖文並茂的菜單，即使不懂日文的遊客也可以輕鬆點餐。
- 可以一邊欣賞漁港的風景，一邊用餐，座位舒適，環境優美衛生。
- 招牌菜式有海葡萄丼及海鮮丼，都非常鮮美，適合喜歡海鮮的朋友。
- 也有販售一些醬料和調味品，一樓也有販賣新鮮魚獲。

海人食堂

官網　　　地圖

- 沖繩縣中頭郡讀谷村字都屋 33
- 098-956-1640
- 11:00 ～ 16:00（最後點餐時間 15:00）
- 從那霸巴士總站坐 28 號巴士，在「都屋站」下車，步行約 10 分鐘

塔可飯和漢堡

什麼是塔可飯？

因為受到美國文化影響，在沖繩的國際通和美國村有不少提供西餐的地方，包括漢堡，還有融合了墨西哥料理和沖繩料理特色的塔可飯。塔可飯跟墨西哥的傳統美食有點不同，它是由沖繩人發明，內餡和墨西哥的塔可餅大同小異，最大不同之處是，墨西哥採用的是餅皮，而沖繩塔可飯採用的是米飯，再配合辣肉醬、生菜絲、番茄等，也有加入日本元素的蛋包塔可飯。

 推薦餐廳

JEF BURGER

- 提供結合傳統沖繩料理和美式快餐的苦瓜漢堡，也有苦瓜汁、炸苦瓜圈等特色料理。
- 漢堡種類多，價錢便宜，大約 300 ～ 600 日圓左右。
- 菜單圖文並茂，點餐方便。
- 苦瓜、雞蛋配合漢堡，風味清新獨特，這種苦瓜漢堡是在沖繩以外的地方較少能吃到的。

Jef サンライズなは店

- 沖繩縣那霸市壺屋 1 丁目 1-5
- 505-268-9999
- 9:00 ～ 20:00
- 從單軌電車「牧志站」步行約 15 分鐘

官網

地圖

O TACO RICE CAFÉ KIJIMUNA

- 電視節目曾介紹過，人氣很高的餐廳。
- 對辣醬的調製十分講究，是料理美味的來源。
- 可以自己選擇配料。
- 招牌菜歐姆蛋塔可飯，是必試的美食，歐姆蛋非常幼滑柔軟，配上令人回味的辣醬，味道一流！

TACO RICE CAFÉ KIJIMUNA   官網   地圖

- 沖繩縣中頭郡北中城村ライカム 1 一番地
  イオンモール沖繩ライカム內 3F フードコート
- 098-923-5880
- 10:00 ～ 22:00（最後點餐時間 21:30）
- 從那霸巴士總站坐 77 號巴士，在「比嘉西原站」下車，步行約 11 分鐘

北谷店   地圖

- 沖繩縣中頭郡北谷町字美浜 9 番地デポアイランドビル C 棟 2F
- 098-989-5100
- 11:00 ～ 22:00
- 從那霸巴士總站坐 120 號巴士，在「桑江站」下車，步行約 11 分鐘

P KING TACOS

- 這間店人氣很旺，是塔可飯的發祥店：PARA 千里的連鎖店。
- 價錢便宜，份量也大，吃得很滿足。
- 醬料是自家秘製，份外美味。

KING TACOS（キングタコス金武本店）   地圖

- 沖繩縣國頭郡金武町字金武 4244-4
- 090-1947-1684
- 10:30 ～ 21:00
- 從名護巴士總站坐 22 或 77 號巴士，在「金武入口站」下車，步行約 2 分鐘

甜品和冰淇淋

　　沖繩盛產水果、紅芋番薯、海鹽和黑糖，不僅產量多，而且都很優質，用這些食材做成的甜品也份外美味可口。

🍴 推薦店家

Q BLUE SEAL 冰淇淋

　　BLUE SEAL 是沖繩著名的品牌，在各大便利商店和超級市場都能看到它的身影。有水果味的百香果雪酪、綜合熱帶水果、芒果探戈、香蕉蘇珊娜、鳳梨雪葩，沖繩風味的沖繩香檬雪酪、紅芋、沖繩田芋奶酪蛋糕、鹽金楚糕等各式口味任君選擇（每間店舖提供的口味各有不同，以上口味僅供參考）。

BLUE SEAL 冰淇淋

- 🏠 沖繩縣那霸市牧志 1 丁目 2-32
- 📞 098-867-1450
- 🕐 10:00 ～ 22:30
- 📍 從單軌電車「美榮橋站」步行約 10 分鐘

官網 　　地圖

R 鹽味冰淇淋

　　大家常常吃冰淇淋，但鹽味的口味試過沒有呢？塩屋採用的都是優質的雪鹽，鹹鹹的味道配合香滑的冰淇淋，口感不同於一般的冰淇淋，來沖繩一定要試試！

可以品嚐鹽味的冰淇淋。

塩屋 國際通店

🏠 沖繩縣那霸市牧志 3-9-2 1F

📞 0120-408-385

🕐 10:00 ～ 21:00

🚃 從單軌電車「牧志站」步行約 5 分鐘

官網　　　　地圖

S 紅芋塔

　　紅芋塔是沖繩的名物，紅芋口感綿密，是沖繩很有特色的道地甜點。御菓子御殿是沖繩著名的老店，他們的紅芋塔又香又滑，沖繩風味濃厚，是來沖繩必試的甜點和必買的伴手禮。

御菓子御殿 國際通松尾店

🏠 沖繩縣那霸市松尾 1 丁目 2-5

📞 098-862-0334

🕐 9:00 ～ 22:00

🚃 從單軌電車「美榮橋站」步行約 12 分鐘

官網　　　　地圖

T FUKUGIYA 年輪蛋糕

　　年輪蛋糕是德國的甜點,日本人把它發揚光大,在日本各地都能買到非常優質的年輪蛋糕,在沖繩也不例外,而且這裡採用了沖繩的黑糖,製成了在其他地方較少買到的黑糖年輪蛋糕,甜度適中,而且黑糖也有很豐富的營養,有益健康。

FUKUGIYA 年輪蛋糕

- 🏠 沖繩縣那霸市久茂地 3 丁目 29-67
- 📞 098-863-8006
- 🕐 10:00 ～ 20:00(1 月 1 日及 2 日休息)
- 🚉 從單軌電車「美榮橋站」步行約 10 分鐘

官網 　　地圖

U 琉球銘菓:三矢本舖沙翁

　　沙翁又名開口笑,是沖繩傳統的菓子,歷史悠久,外表酥脆,內餡綿密,雖是油炸,卻不會感到油膩,非常有沖繩風味。

琉球銘菓 三矢本舖

- 🏠 沖繩縣國頭郡恩納村字恩納 2572-2
- 📞 098-966-8631
- 🕐 星期一～五:10:00 ～ 17:30;星期六、日及假日:10:00 ～ 18:00(年始年末休息)
- 🚉 從那霸巴士總站坐 23 號巴士,在「赤道十字路站」下車,步行約 11 分鐘

官網 　　地圖

V oHacorte 水果塔

　　水果塔採用了最新鮮的當季水果，單單看色彩繽紛的賣相，已是相當誘人了。最受歡迎的是綜合口味，還有其他口味，例如芒果、奇異果、鳳梨、白葡萄等，水果全都是鮮甜多汁，令人欲罷不能！

oHacorte 那霸空港店

- 那霸空港旅客ターミナルビル 2F 国際線エリア
- 098-840-1276
- 8:30 ～ 20:00
- 從單軌電車「那霸空港站」步行約 15 分鐘

官網　　　　地圖

W 琉冰 おんなの駅水果刨冰、沖繩紅豆湯

　　在沖繩這個炎熱的地方，走得累了，最適合來一客豐富的水果刨冰了。這間店的刨冰份量多，堆得像個小山似的，搭配鮮甜的水果味道，真是解渴又可口。在這裡還能吃到特別的沖繩紅豆湯，把用黑糖煮得甜甜的金時豆和白色年糕舖在碎冰上，有著非常濃厚的琉球風味。

琉冰 おんなの

- 沖繩縣國頭郡恩納村仲泊 1656-9 おんなの駅内
- 090-5932-4166
- 10:00 ～ 19:00
- 從那霸巴士總站坐 120 號巴士，在「沖繩萬麗度假飯店前站」下車，步行約 10 分鐘

官網　　　　地圖

✕ 銘菓繼承 謝花きっぱん店 琉球國王御用甜點：橘餅

　　想試試從前琉球國王才能享用的甜點嗎？來到這間店，除了味道特別的傳統甜點冬瓜漬外，更可以嚐到從前御用的甜點：橘餅。它是從中國的福州傳入，現在已成為沖繩著名的和菓子，採用沖繩出品的柑橘，經過 4 天的工序才能製成，難怪在琉球時代只有國王和有一定地位的貴族才能享用得到。

　　謝花きっぱん店的冬瓜漬有各種不同的口味，而橘餅雖然只有一種口味，但大家看到時都不禁眼睛一亮，因為它不僅製作工序一絲不苟，而且包裝也非常精美，美輪美奐的禮盒，讓本來已是高級和菓子的橘餅顯得更雍容華貴，就像是一件精緻優雅的藝術品。

　　去沖繩旅行，買的伴手禮大都以紅芋塔和黑糖製品為主，如果想購買一些較特別的伴手禮，這種來頭絕不簡單的和菓子橘餅，絕對是與眾不同的送禮佳品！

銘菓 承 謝花きっぱん店

🏠 沖繩縣那霸市松尾 1 丁目 5-14
　　（松尾消防署通り）

📞 098-867-3687

🕙 10:00 ～ 17:00（星期六 10:00 ～ 16:00，
　　星期日休息）

📍 從單軌電車「縣廳前站」步行約 10 分鐘

官網 　　地圖

沖繩本島這樣玩

第七篇

OKINAWA

沖繩本島的景點眾多，活動也很多元化，很多景點都有巴士到達，只要在出發前在交通上多做些功課，即使不會自駕，也可以玩得開心盡興。不過，如果不想受巴士班次和路線所限制，自駕會是一個更適合的選擇。

沖繩本島分為北部、中部和南部，景點比較分散，可以把距離較接近的景點安排在同一天遊玩，大約需要 5 至 7 天的時間，就能把最主要的景點玩透透。

沖繩本島南部

那霸市及浦添市

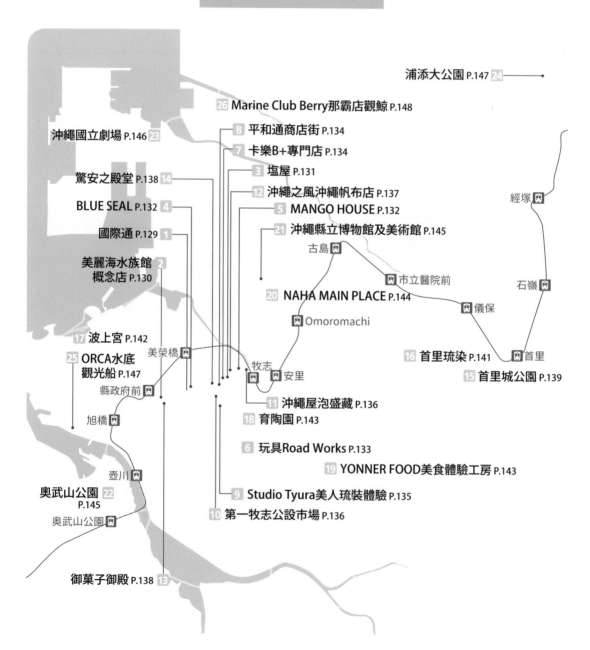

浦添大公園 P.147 24

26 Marine Club Berry那霸店觀鯨 P.148

8 平和通商店街 P.134

沖繩國立劇場 P.146 23

7 卡樂B+專門店 P.134

3 塩屋 P.131

驚安之殿堂 P.138 14

12 沖繩之風沖繩帆布店 P.137

BLUE SEAL P.132 4

5 MANGO HOUSE P.132

國際通 P.129 1

21 沖繩縣立博物館及美術館 P.145

經塚

美麗海水族館
概念店 130

2

古島

市立醫院前

石嶺

20 NAHA MAIN PLACE P.144

儀保

Omoromachi

17 波上宮 P.142

16 首里琉染 P.141

25 ORCA水底
觀光船 P.147

美榮橋

牧志

安里

首里

15 首里城公園 P.139

縣政府前

11 沖繩屋泡盛藏 P.136

旭橋

18 育陶園 P.143

6 玩具Road Works P.133

19 YONNER FOOD美食體驗工房 P.143

壺川

奧武山公園
P.145 22

9 Studio Tyura美人琉裝體驗 P.135

奧武山公園

10 第一牧志公設市場 P.136

御菓子御殿 P.138 13

1 國際通 国際通り

國際通是那霸市內最熱鬧的地區，也是所有遊人必去的地方。這裡集合了多間餐廳、伴手禮店和其他特色店舖，只要在這兒逛上一圈，就能把整個沖繩最有特色的伴手禮和紀念品一網打盡。國際通的面積並不大，但要每間店都逛過一遍，也需要不少的時間，逛累了可以到咖啡廳或茶屋享用沖繩茶和點心。

1	2
3	4	5

1 店舖林立的國際通。2-3 可以在國際通找到各種沖繩特產。4-5 國際通店舖販賣的貨品充滿傳統琉球色彩。

國際通

地圖

◎ 從單軌電車「美榮橋站」步行約 10 分鐘

2 美麗海水族館概念店

美麗海水族館是旅遊沖繩必去的景點，看到那些可愛的魚類和其他海洋生物，有沒有想把牠們帶回家的衝動呢？美麗海水族館附設販賣海洋生物相關產品的商店，一間在名護的水族館，另一間則是在交通很方便的國際通。

國際通的直營店，販賣的貨品跟水族館的差不多，這也給一些沒有到水族館，但又想購買相關商品的遊人多一個選擇，而且這裡的空間比水族館更大，逛起來會更舒適。

進入這間以藍色為基調的店裡放眼一看，四周都是可愛的魚類和海

洋生物，也真有點以為自己到了龍宮的錯覺呢！最受歡迎的商品當然是可愛的玩偶：小丑魚、鯨鯊、海龜、海星，海底的超級明星一起出場。以海洋生物為主題的相關產品，像擺設、文具、餐具、衣服、生活用品等。這兒還有一部巨型的扭蛋機，扭出來的都是水族館裡的動物明星玩具，無論大人或小朋友來到這裡，必定童心大起，忍不住把每隻明星都帶回家！

沖繩美麗海水族館直營店 Umichurara

🏠 那霸市久茂地 3 丁目 2-22 JA ドリーム館 2 階

📞 098-917-1500

🕐 10:00 〜 20:30

📍 從單軌電車「縣廳前站」步行約 5 分鐘

官網 　　　　地圖

3 塩屋

塩即是鹽，是沖繩著名的特產，很多遊人都會買一些優質的海鹽或海鹽製品回家當伴手禮呢！宮古島的海鹽是最出名的，但即使不到宮古，只要在那霸的國際通，也可以買到各式的海鹽和相關食品。

塩屋位於牧志，十分好找。店裡不僅販售鹽，更如同一個小小的鹽博物館，詳列沖繩和世界各地的鹽，還介紹了一份大家都很好奇的職業：品鹽師，每間塩屋都有一位品鹽師駐守，他們對全世界二千多種的鹽有非常深厚的認識，能用科學角度和味道向客人介紹各種鹽的不同之處。來逛一下塩屋，對鹽的認識實在增長了不少呢。

看似簡單平凡的鹽，其實有各種意想不到的口味，像抹茶、柚子、牛排、芥末、香檳等，真的是大開眼界。這裡的鹽都已包裝好，鹽以不同的味道和用途區分，有的是用來做水煮蛋，有的是用來做刺身，有的是用來做飯糰，應有盡有，還有小小包的試吃包裝，攜帶方便。

在離開前，也別忘記買一個這裡最著名的鹽味冰淇淋試試，可以把不同種類的鹽加在冰淇淋裡，看看會產出什麼特別的味道。

超多選擇的雪鹽。

塩屋

🏠 那霸市牧志 3-9-2-1F

📞 0120-408-385

🕐 10:00 ～ 21:00

📍 從單軌電車「牧志站」步行約 5 分鐘

官網　　　地圖

4 BLUE SEAL

BLUE SEAL 是沖繩很著名的冰淇淋品牌，在很多地方都能看到分店，其中地點最方便的是很受遊人歡迎的國際通店。BLUE SEAL 提供很多沖繩特色品味的冰淇淋，像鳳梨、紅芋、黑糖等，美味可口，價錢也不貴，是去沖繩旅行時的必吃甜點。

在 BLUE SEAL 可以品嚐到各種沖繩口味的冰淇淋。

BLUE SEAL

- 那霸市牧志 丁目 2-32
- 098-867-1450
- 10:00 ～ 22:30
- 從單軌電車「美榮橋站」步行約 10 分鐘

官網 　地圖

5 MANGO HOUSE

在沖繩會發現很多當地人都愛穿一種顏色鮮艷活潑，清爽舒適的衣服，這種像夏威夷 T SHIRT 的衣服叫 Kariyushi，有「喜愛」和「享受」的意思。這種衣服最適合在炎熱的時節穿，如果想購買這種充滿沖繩風情的 T SHIRT，來到位於國際通的 MANGO HOUSE 最適合不過了。這是一間專門販賣 Kariyushi 的店舖，衣服設計以自然為主題，不單樣式很多，有些更是數量有限，在其他地方是買不到的呢。價錢方面，大約 4000 ～ 7000 日圓，雖然並不便宜，但設計獨特，質料也舒適，物有所值。

花襯衫店舖芒果屋 國際通店 　　官網　　　地圖

🏠 那霸市牧志 2 丁目 7-28

📞 098-862-4881

🕐 10:00 ～ 22:00（僅週六日及假日開放）

📍 從單軌電車「牧志站」步行約 5 分鐘

6 玩具 Road Works

　　玩具是不少人的集體回憶，每個地方的玩具都反映了當地的傳統文化色彩，如果想了解琉球文化，認識琉球的玩具也是一個好方法。在牧志市場附近，就有一間專門販賣琉球傳統玩具的店，經營這家店的豐永先生，因為一次到訪非洲時看到當地民族色彩濃厚的玩偶，而有了製作琉球傳統玩具的想法，經過四處尋訪，再加上不懈的努力，終於做出了各種類型的作品，而他也開了這家店，希望讓更多人能了解傳統琉球文化。

　　店裡的玩具都是豐永先生親手製作，很多都是獨一無二，非常珍貴。

　　玩具以鮮艷的顏色搭配，再加上有趣的造型為主，而且都是充滿日本的傳統色彩。創作主題有十二生肖、桃太郎故事裡的鬼島、日本傳說「報恩之鶴」，還有一些很特別的主題，像聖母瑪利亞抱著耶穌的不倒翁、半人馬的怪物等。每一件玩具都是豐永先生的心血，還有包含著他對琉球文化的熱愛。

　　玩具並不只是孩子的專利，對很多大人來說，也是一份珍貴的回憶，來到這間店，即使只看不買，也會令人大開眼界，看到那些充滿幽默感和創意的玩具時，也會不禁會心一笑。

玩具 Road Works 　　　　　　　官網　　　　地圖

🏠 那霸市牧志 3-6-21F

📞 098-988-1439

🕐 11:00 ～ 16:00 （星期二、五、六營業）

📍 從單軌電車「牧志站」步行約 10 分鐘

7 卡樂 B+ 專門店 Calbee+

來日本當然要買零食，其中一款很受大家歡迎的是卡樂 B 系列，採用的都是優質的馬鈴薯，炸得又香又脆，而且品種很多。雖然卡樂 B 在很多超級市場都能買到，但種類沒有專門店那麼齊全，而且在專門店裡也能買到一些其他地方找不到的周邊商品。

平時買到的都是預先炸好的薯條，可來到這專門店買到新鮮剛炸好的薯條試試。還有一些沖繩限定的產品，例如黑糖味地瓜塊、紅薯口味薯條、沖繩限定包裝的八個地方薯條禮盒等，都是必買的。

來到這裡，可以吃，又可以買，還集合了日本各地的薯條，即使不遊遍日本，也能嚐遍各種口味，更可買到沖繩限定的品種，真的很讚！

卡樂 B+ 專門店（Calbee+）

🏠 那霸市牧志 3-2-2

📞 098-867-6254

🕐 10:00 ～ 21:00

📍 從單軌電車「牧志站」步行約 5 分鐘

官網

地圖

8 平和通商店街

商店街位於國際通附近，可以兩地一起遊玩，相比起旅遊氣息較濃厚的國際通，平和通的顧客對象以當地人為主，是一條充滿懷舊氣息

和傳統氣氛的商店街，主要販賣衣物、生活用品、食物等，如果想享受購物樂趣，或是增加對當地人的生活有更深了解，來平和通逛逛是很不錯的選擇。

地圖

平和通商店街

📍 從單軌電車「牧志站」步行約 10 分鐘

9 Studio Tyura 美人琉裝體驗 Studio Tyura 美人

來到沖繩，當然要試穿一下琉裝了，在國際通一帶，有幾間提供琉裝體驗的店舖，體驗過程十分簡單，店家會為你準備好所有需要的衣服和道具，只要挑選自己喜歡的款式，工作人員會幫你把衣服穿上，最後再搭配充滿琉球風情的小道具，就可以變身成為古代的琉球人了。琉裝體驗分為店內攝影和外出散策兩種，店內攝影是用自己的相機拍照，價錢便宜一點；外出散策則可以穿著琉裝到周邊地區拍照，價錢也會較貴。

Studio Tyura 美人琉裝體驗

🏠 那霸市 3-3-1 水上店舖第二街區 2F

📞 705-482-9244

🕐 9:00 ～ 18:00

📍 從單軌電車「美榮橋站」
　 徒步約 11 分鐘

地圖

⑩ 第一牧志公設市場

第一牧志公設市場位於國際通和平和通附近，是沖繩人的廚房，販賣各種新鮮食品，除了可以購買豐富多樣的食材外，更能在此用餐。

先在一樓的攤販購買喜歡的海鮮，再到二樓的食堂代為烹調，價錢合理，食物新鮮，很建議在行程中安排在此用餐。

1 2 3 1 不只可以買，還能到二樓的餐廳大快朵頤。2 市場有不少販賣沖繩特產夜光貝的攤販。3 可以在市場裡找到各種新鮮海鮮。

第一牧志公設市場

🏠 那霸市松尾 2-10-1

📞 098-867-6560

📍 從單軌電車「牧志站」步行 10 分鐘

🕐 8:00 ～ 22:00（因各店舖而異），二樓食堂 8:00 ～ 20:00。每月第四個星期日（12 月每日營業）、1 月 1 日至 3 日，舊曆 1 月 1 日至 2 日休息

官網 　　地圖

⑪ 沖繩屋泡盛藏 おきなわ屋 泡盛蔵 国際店

喜歡喝酒的朋友都很熟悉日本的清酒，而來到沖繩，可以試試另一款

沖繩特有的酒：泡盛，這是一種以米為材料製成的精餾酒，含有 30% 酒

精，和一般日本清酒的製法截然不同。沖繩人習慣把它放在水中或冰中飲用，在很多沖繩酒吧也能喝到。但如果想把酒帶回家好好品嚐，就要去國際通的泡盛藏了。這是一家很有規模的老字號，店裡的泡盛有三百多種，選擇夠多，喜歡酒的朋友不妨耐心找尋，自用送禮兩皆宜。

沖繩屋 國際通店

🏠 那霸市松尾 2 丁目 8-5

📞 098-868-5252

🕐 10:00 ～ 22:00

📍 從單軌電車「美榮橋站」步行約 10 分鐘

官網　　　地圖

12 沖繩之風沖繩帆布店 沖繩の風

說起帆布產品，可能第一感覺是很簡樸，也會略嫌單調，但這間位於國際通附近的沖繩之風，卻打破了傳統的印象，除了保留傳統外，老闆還在設計上結合現代的元素，而且每件作品都是人工製作，採用大膽的設計和鮮艷的色彩，創作性很高，很適合年輕人的口味。

店裡的帆布製品包括：包包、錢包、背包、T SHIRT 等，有的是以美麗的鮮花圖案為主，女士們一定會愛不釋手，而男士的錢包和背包則以充滿現代感的幾何圖案為主，T SHIRT 的設計十分特別，很多圖案都是自家創作的。

這間店由幾位藝術家經營，他們還曾經得過獎項。如果想買獨樹一格，別人買不到的，又富有濃厚南國色彩的包包款式，這裡是個必逛的地方。

沖繩之風沖繩帆布店

🏠 那霸市牧志 2-5-2

📞 098-943-0244

🕐 11:00 ～ 19:00

📍 從單軌電車「牧志站」步行約 5 分鐘

官網　　　地圖

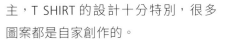

13 御菓子御殿　御菓子御殿 国際通り松尾店

　　沖繩有一種很特別的甜點：紅芋塔，御菓子御殿就是以販售這種甜點為主的著名元祖店舖。它在沖繩很多地方都設有分店，國際通的分店是交通最方便的，而恩納的分店則提供紅芋塔 DIY 體驗服務。紅芋塔是沖繩其中一款最受歡迎的特色特產，不妨買一些回去跟親友一起分享吧！

紅芋塔是必試的沖繩代表甜點。

御菓子御殿 松尾店

🏠 那霸市松尾 1-2-5

📞 098-862-0334

🕘 9:00 ～ 22:00

📍 從單軌電車「縣廳前站」步行約 5 分鐘

官網

地圖

14 驚安之殿堂　ドン・キホーテ 国際通り店

　　驚安之殿堂（又名唐吉訶德）一直是遊人喜愛的購物天堂，在日本很多大城市都能找到，在沖繩的那霸也不例外。這裡最吸引的，是集合各式不同類型的貨品：零食、藥妝、雜貨、玩具、寵物用品、家居用品、裝飾小物、文具用品等，總之能說出來的都能在這裡買到。

　　更重要的，是價錢絕對是名副其實的「驚安」（很便宜的意思），例如

藥妝，就比市面上很多藥房都要便宜，而且種類也很齊備，而最受歡迎的一定非零食莫屬了。在台灣買到的日本零食都不便宜，但這裡很多都是100～300日圓，甚至連幾十日圓也有，絕對是零食控的天堂。再加上只要出示電子優惠券，在便宜之餘更可享用折扣，大量掃貨血拚也不會感到心痛。

另一個超讚的地方，就是提供免稅服務，因為這裡貨品眾多，要買超過5000日圓的貨品十分容易，而且還有專門負責退稅的櫃台，只要出示護照，所有手續工作人員都會為你辦妥，真是很方便。不過，要注意的是，因為驚安之殿堂太受歡迎，很多時候都需要排隊付款，如想節省時間，可以選擇在非假日及非繁忙時間血拚。

驚安之殿堂國際通店

🏠 那霸市松尾 2-8-19

📞 0570-054-711

🕐 9:00 ～清晨 5:00

🚩 從單軌電車「美榮橋站」步行約 10 分鐘

官網

地圖

15 首里城公園　首里城公園

在 13 至 14 世紀建造的首里城公園，是一個最能讓大家深刻體會到琉球歷史文化的地方。這裡以前是國王的居住地方，也是琉球王國的行政中心，有著非常重要的地位。2000 年被列入世界文化遺產，公園以首里城為最主要建築，包括了守禮門、首里城正殿，以及作為表演的下之御庭等。

其中正殿是絕對要看的地方，這座全琉球最大的木建築

以朱紅色為主，看上去跟中國的建築十分相似。正殿分為南殿和北殿兩個

首里城的守禮之門。

部分,現在都已成為展覽廳,以栩栩如生的模型,展示古琉球王族的生活,和宮殿在古代時的風貌。因為早前曾經火災,正殿正在維修當中。

1 2 **1** 首里城的宮殿。**2** 首里城的城門。**3** 首里城的宮殿充滿中國色彩。**4** 首里城
3 4 內展出的模型。

首里城公園

🏠 那霸市首里金城町 1-2

📞 098-886-2020

🕐 各月份不同,詳情請參閱官網

💴 大人 400 日圓、高中生 300 日圓、中小學生 160 圓、未滿 6 歲免費

📍 從單軌電車「首里站」步行約 5 分鐘

官網　　　　　地圖

16 首里琉染　首里琉染

紅型是一種傳統的染布藝術,是沖繩傳統工藝之一,不少沖繩人上班都不是穿著西裝,而是傳統的沖繩紅型 T-SHIRT。沖繩有不少販售紅型市服的店舖,其中這間位於首里城公園附近的首里琉染,最特別之處是不單可以購物,更能親自試試紅型的體驗。體驗時大家只要按照中文說明書的指引去做,再加上導師的指導,就能輕易做出只屬於自己的製成品。不懂日語或是孩子都能玩得十分投入。除了紅型以外,這間店還獨創有趣的珊瑚染,把珊瑚放在布下面,然後用棉球把不同的色彩染上去,顏色鮮艷,圖案美麗,而且都是獨一無二,可以選擇染衣服或環保袋,體驗價錢約 3300 日圓。

1 店家已準備好各種染料讓客人進行染色。2 製作出屬於自己的 T SHIRT。3 美麗的珊瑚染畫。

首里琉染

🏠 那霸市首里山川町 1-54

📞 098-886-1131

🕘 9:00 ～ 18:00

📍 從單軌電車「首里站」步行約 20 分鐘,從首里城公園步行約 5 分鐘

官網　　　　　地圖

17 波上宮

波上宮是一間靠海的神社，位於懸崖之上，旁邊是一片美麗的波之上海灘，風光優美，許多漁民都會特別到此參拜，祈求一帆風順，而且是「琉球八社」之首，在沖繩的神社中頗具名氣，很多到那霸的旅客都會到此一遊。

波上宮是沖繩著名的神社。

波上宮

🏠 那霸市若狹 1 丁目 25-11

📞 098-868-3697

🕐 9:00 ～ 16:30

📍 從單軌電車「旭橋站」步行約 15 分鐘

官網

地圖

18 育陶園

沖繩的陶器十分著名，其中以「壺屋燒」最受歡迎，這是以前提供王府專用的。在那霸的壺屋有一條陶器街，以販售陶器為主。這條擁有 300 多年歷史的街道，是喜歡陶器的朋友必訪的尋寶之地，店舖眾多，陶器琳琅滿目，若你對陶器藝術感到興趣，一定會捨不得離開。在多間店舖中，很推薦育陶園，因為不單可以參觀製作陶器的過程，還能參加 DIY 體驗。

育陶園是一間擁有悠久歷史的店家，他們的陶器都是按照傳統做法製作，顏色鮮艷，手工精美，陶器的主題多樣，例如沖繩的吉祥物風獅爺、以花為點綴的碗碟、以幾何線條為主的茶具等，每一件都是師傅的精心傑作。如果也想試試親自動手製作陶器，過程簡單又有趣，連小孩子都可以參加。

育陶園

🏠 那霸市壺屋 1-22-33
📞 098-866-1635
🕙 10:00 ～ 18:00（1 月 1 日及 2 日休息）
📍 從單軌電車「牧志站」步行約 10 分鐘

官網

地圖

19 YONNER FOOD 美食體驗工房　金楚糕體驗及沖繩料理體驗

沖繩最具代表性的特產，是每間伴手禮店都在賣的金楚糕，在琉球時代已經存在，而且還是皇親貴族才能享用到的高級食品，現在已成為一款大眾化的美食了。除了沖繩料理課程，金楚糕的 DIY 教室也是很好玩，很推薦來體驗！

想進行金楚糕 DIY 體驗，可以來到那霸平和通東口的美食體驗工房，

工房會準備好各種需要的材料：小麥粉、精製白糖、豬油、鹽，還有一些工具，例如模子等。首先要把一團團麵糰放進烤箱裡，拿出來後加入白砂糖、豬油和鹽，攪拌混合成奶油狀，然後把麵糰搓成自己喜愛的形狀，最後放在盤子上，再放進烤箱烤約 20 分鐘，接著把製成品放進紙盒裡，就可以帶回家了。

在 YONNER FOOD 美食工房，除了可以製作金楚糕外，還能親自動手，製作一頓豐富的沖繩料理。除了料理的方式，老師還會向學員介紹各種食材，還有一些較少人知道的琉球料理食譜，喜歡煮食和對沖繩美食文化感興趣的朋友不容錯過。

YONNER FOOD 美食體驗工房

- 那霸市寄宮 2-5-8 リブラハウス 303
- 098-832-7747
- 11:00～14:00（沖繩料理教室不定舉行，金楚糕體驗每天場次不同，詳情請參閱官網）
- 金楚糕體驗 2200 日圓，沖繩料理教室依菜式收費不同
- 從那霸巴士總站坐 89 號巴士，「與儀十字路站」下車，步行約 8 分鐘。

官網   地圖

20 NAHA MAIN PLACE

說到沖繩的著名百貨公司：Main Place，位於那霸新都心，由多個樓層組成，是一座綜合大型購物中心。一樓是食品館和電器館，日本很多品牌的電器用品都能在這裡買到，選擇多，品質又好；二樓是衣料館和美食中心，集合了多個品牌。不論是男女老幼，都能在這裡找到適合自己的貨品，地方寬敞舒適，設施齊全，貨品多，若想在短時間內血拚一番，這裡絕對是個值得推薦的好地方。

NAHA MAIN PLACE

- 那霸市おもろまち 4-4-9
- 098-951-3300
- 9:00～22:00（食品館營業至 23:00）
- 從「Omoromachi 站」步行約 5 分鐘

官網   地圖

21 沖繩縣立博物館及美術館 沖繩県立博物館・美術館

　　沖繩縣立博物館及美術館分為美術館和博物館兩大部分，在美術館可以觀賞到很多和沖繩相關的藝術家的當代美術作品，例如繪畫、雕刻、建築、文學等，館藏十分豐富，更設有特展，對美術有興趣的朋友不容錯過。

　　如果對歷史更感興趣的話，則很推薦博物館的部分，它是以「海洋性」和「島嶼性」為主題，介紹沖繩的歷史和自然風貌，五個展示室分別展示各種題材豐富的展品：考古、自然、美術工藝、民俗和歷史。透過各種模型，有如走進了時光隧道中，回到古時的沖繩。這間博物館就儼如一本活生生的教科書，在參觀過程中可以更深入了解沖繩的歷史文化。

沖繩縣立博物館及美術館

🏠 那霸市 OMOROMACHI 3 丁目 1 番 1 號
📞 098-941-8200
🕐 9:00 ～ 18:00（星期五、六為 9:00 ～ 20:00，星期一及 12 月 29 日至 1 月 3 日休館）
💰 成人 530 日圓，大學、高中生 270 日圓，沖繩縣外中、小學生 150 日圓
📍 從「おもろまち站」步行約 11 分鐘

官網

地圖

22 奧武山公園 Ounoyama Park

　　如果是親子同遊沖繩，很推薦去奧武山公園遊玩，在沖繩很多公園都有好玩的滑梯，而奧武山的超長滑梯在沖繩非常著名，而且因為奧武山公園就在單軌電車站附近，交通十分方便，很適合排進親子行程之中。滑梯採用非常可愛的石獅子和青龍

為主題造型，高度約有三層樓高，適合 6 ～ 12 歲的小朋友玩耍（6 歲以下需要成人陪伴）。除了好玩的長滑梯外，這裡的兒童樂園還設有沙池、吊橋、搖搖馬等設施，而且還有令人安心的防護，小孩子可以盡情遊玩。

奧武山公園

- 那霸市奧武山町 52
- 098-858-2700
- 從單軌電車「奧武山公園站」，步行約 1 分鐘

官網 　地圖

23 沖繩國立劇場　沖縄国立劇場

沖繩國立劇場是為了保存國家的重要無形財「組踊及其他沖繩傳統藝能」而設的，是一個集合眾多古代琉球文化表演的地方，可以欣賞到充滿傳統氣息的三線表演、琉球組踊和舞蹈表演，透過觀賞表演，能加深對沖繩傳統文化的了解。公演的項目隨著時間不同，如有興趣可以參閱官網的自主公演全年預定表。

沖繩國立劇場

- 浦添市勢理客 4 丁目 14-1
- 098-871-3350
- 10:00 ～ 18:00（年末年始休息）
- 各種表演各有不同，詳情請參閱官網
- 從那霸巴士總站，坐 27、87 或 52 號公車，在「勢理客站」下車，步行約 7 分鐘

官網 　地圖

24 浦添大公園 Urasoe Park

浦添大公園是很適合親子遊玩的地方，這裡有各種遊玩器材，其中最受歡迎的是約 90 公尺的滾輪溜滑梯，滑梯比較平緩，下滑的速度適中，推薦給喜歡溜滑梯又不想太刺激的孩子。這裡還有各式各樣的攀爬設施，而且公園還特別為未滿周歲的幼童設立遊玩地區，孩子們可以盡情的放電玩耍。

浦添大公園		
📍 浦添市伊祖 115-1	官網	地圖
📞 098-873-0700		
🕐 7:00 ～ 21:00		
🚃 從單軌電車「浦添前田站」下車，步行約 14 分鐘		

25 ORCA 水底觀光船

沖繩的水底世界就像龍宮一樣，海水清澈，珊瑚和魚類都很多，所以成為了潛水和浮潛的熱點。然而很多不懂游泳或不諳水性的遊人卻很煩惱：有什麼辦法可以不用下水，也能欣賞到美麗的海底景色呢？只要乘坐這種水底觀光船，問題就迎刃而解了。

這種觀光船是一種半潛艇，船在啟動後，船艙會向下沉，讓遊人透過玻璃窗觀賞美麗的珊瑚，還可以感受到魚兒就在附近游來游去。這種觀光船在本島或一些外島都能坐到，價錢不貴，行程 50 ～ 60 分鐘左右，老少咸宜，不論大人或是孩子都雀躍萬分。這項活動最適合不懂游泳，不想下水或是想靜態一點的遊人。

ORCA 水底觀光船

官網　　　　地圖

- 那霸市通堂町 2-1
- 098-866-0489
- 8:30 ～ 20:30
- 成人 2400 日圓、兒童 1200 日圓（網上預約成人 2200 日圓、兒童 1000 日圓）
- 從「那霸巴士總站」步行約 11 分鐘

26 Marine Club Berry 那霸店觀鯨

　　如果造訪沖繩的時間正值 1 ～ 3 月，一定不可錯過這段時間限定的活動：觀鯨。這正是鯨魚活動頻繁的時節，雖然不一定保證能看到鯨魚，但看到的機會也很高呢！觀鯨的位置多在沖繩的外島一帶，只要到那霸港、恩納村或讀谷村坐船，船家就會帶大家出海，去到鯨魚最活躍的區域，近距離觀看鯨魚，感受這龐然大物在船邊游過時那震撼的感覺。在沖繩一帶看到的多數為座頭鯨，特徵是體形巨大，尾鰭像扇子一樣，經常會在沖繩西面的渡嘉敷島和座間味島，以及在慶良間群島一帶出沒。因為陽光較烈，風浪也大，請做好防曬及防暈措施，衣物以防水和便利活動為主。

1
2
1 乘坐觀鯨船出海觀鯨。2 在冬季看到鯨魚的機會較大。

Marine Club Berry 那霸店觀鯨

官網　　　　地圖

- 那霸市港町 2 丁目 3-13
- 0120-105-578
- 設有免費飯店接送服務

系滿及豐見城

奧武山公園 🚉
🚉 小祿
🚉 赤嶺

齋場御嶽 P.149 **1**

知念岬公園 P.150 **2**

3 ASHIBINAA Outlet P.151

OKINAWA WORLD P.152 **4**

1 齋場御嶽　斎場御嶽

　　對古代的琉球人而言，齋場御嶽是一個非常神聖的地方。所謂「御嶽」，其實即是他們的拜祭場所，由於在這裡侍奉神明是女性，古代只有王族的男性才能進入，而且還必須喬裝成女性進入呢！在這個隱藏

於森林和奇岩怪石的聖地，會進行重要的祭祀和儀式，從前的琉球國王也會來此參拜，為國家祈求太平和風調雨順。現在，即使這裡已不再用作祭祀了，仍然充滿著莊嚴、神聖和重重的神秘感。

齋場御嶽

🏠 南城市知念久手堅 539

📞 098-949-1899

🕐 3～10 月 9:00～18:00（最後售票時間 17:15，最後入場時間 17:30）

11～2 月 9:00～17:30（最後售票時間 16:45，最後入場時間 17:00）

💰 成人 300 日圓、中小學生 150 日圓、6 歲以下免費

📍 在那霸巴士總站乘坐 338 號公車，在「齋場御嶽入口站」下車，步行約 6 分鐘

官網

地圖

2 知念岬公園 Cape Chinen Park

知念岬公園跟齋場禦嶽、OKINAWA WORLD 及玉泉洞位置相近，可以三地一起同遊。由於面對著太平洋，能在這裡看到非常美麗的海景和沿岸風光，湛藍的天空和海洋構成非常漂亮的畫面，在這裡散步既悠閒寫意又洗滌心靈，是一個放鬆身心的好地方。

知念岬公園　　　　　　　　　　　　　　　　　地圖

🏠 南城市知念久手堅

📍 在那霸巴士總站乘坐 338 號公車,在「齋場御嶽入口站」
　下車,步行約 2 分鐘

3 ASHIBINAA Outlet

　　很多遊人去日本都愛逛 OUTLET(特賣場),原因很簡單,因為能以便宜划算的價錢購買名牌貨品,實在是物超所值。日本的很多大城市都有特賣場,沖繩也不例外,如果想在沖繩血拚物美價廉的名牌貨品,一定不要錯過 ASHIBINAA Outlet。

　　特賣場共有兩層樓,當中不乏一些很受歡迎的品牌,例如 GUCCI、ADIDAS、CROCS 等,特賣場的中間是休息區,血拚累了可以休息充電一下,而且特賣場還設有停車場,對自駕人士來說十分方便。

　　在特賣場裡,可以找到許多便宜,品質又高的貨品,除了選擇多以外,最重要的是價錢便宜。很多貨品的售價只是台灣的二分之一,甚至是三分之一,不盡情血拚實在是太浪費了。

　　購物累了就去餐廳充電吧!這裡有提供拉麵、牛排、餃子等的餐廳。有吃的、有買的,足夠逛一整個下午。

ASHIBINAA Outlet

🌐 豐見城市豐崎 1-188

📞 0120-15-1427

🕐 10:00 ～ 20:00(各店舖營業時間各有不同)

📍 從那霸巴士總站坐 55、56 號或 98 號公車,在「アウトレットモールあしびなー前站」(outlet mall 前)下車

官網　　　　　地圖

4 OKINAWA WORLD 及玉泉洞

OKINAWA WORLD 是一個以古代琉球生活風俗為主題的主題公園，在這裡可以參加琉裝體驗、紅型體驗、獅子上色體驗、機織體驗、藍染體染等，還能欣賞精彩的超級 EISA 太鼓表演，和可愛的白蛇合照，也可一併遊覽隔鄰全長 900 公尺的鐘乳石洞：玉泉洞。

琉球的傳統樂器。

1
2
3

1 琉球的太鼓。**2** 古代琉球服裝。**3** 觀賞鐘乳石洞內的自然奇觀。

OKINAWA WORLD 及玉泉洞

- 南城市玉城字前川 1336
- 098-949-7421
- 9:00 ～ 17:30（最後入場時間 16:00）
- 成人 2000 日圓、4 ～ 14 歲兒童 1000 日圓
- 從那霸巴士總站坐 54 或 83 號巴士，在「玉泉洞前バス站」下車，步行約 2 分鐘。

官網

地圖

沖繩本島中部

讀谷

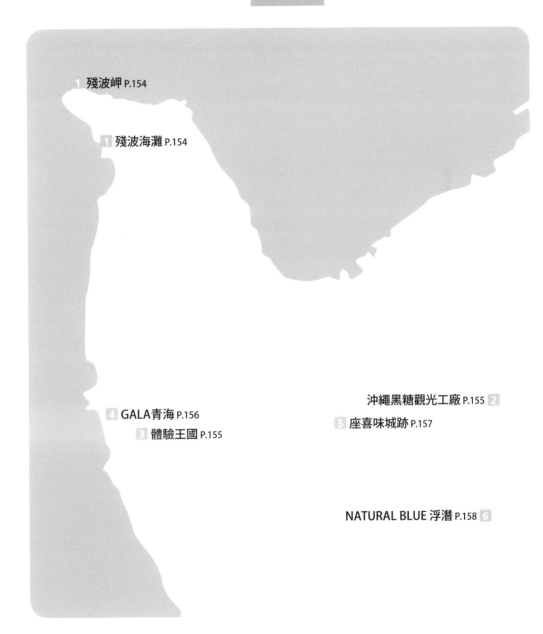

1 殘波岬 P.154

1 殘波海灘 P.154

沖繩黑糖觀光工廠 P.155 2

5 座喜味城跡 P.157

4 GALA青海 P.156

3 體驗王國 P.155

NATURAL BLUE 浮潛 P.158 6

1 殘波岬及殘波海灘 残波ビーチ

沖繩有很多海灘如世外桃源一樣，而殘波海灘也不例外，人氣最高，景色真的很讚，讓人可以完全拋開煩惱，好好享受。殘波海灘位於殘波岬附近，被選為沖繩最美的 12 大海灘之首，喜歡陽光與海灘的朋友一定不可錯過。白色的沙粒，藍色的大海，讓人以為身在仙境之中。這裡的水上活動非常多元化：水上摩托車、滑水、快艇、玻璃底船等，而且其他配套設備例如更衣室、儲物櫃、淋浴設施、太陽傘租借都非常齊備，絕對是個享受陽光與海灘的好地方。除了海灘，這裡還有沖繩必去的景點：殘波岬，藍天碧海再配上燈塔，在這兒只要隨便一拍，就有如明信片一樣美麗的照片了。

殘波岬及殘波海灘

🏠 中頭郡讀谷村宇座 1933

🚗 在讀谷巴士總站坐計程車，車程約 5 分鐘

殘波岬地圖

殘波海灘地圖

2 沖繩黑糖觀光工廠

因為怕對健康不好，很多人都少吃甜食，但卻有一種糖類是對身體很有益處的，那就是黑糖了。沖繩的伴手禮店有各式不同的黑糖製成品。這麼小小的一顆黑糖，其實也是經過不少工序才能製成的喔！在品嚐黑糖之餘，也想知道它是怎麼做出來的話，就一定要試一試黑糖製作的見學和 DIY 體驗了（DIY 體驗因疫情暫停，重開時間請留意官網）。

來到沖繩製作工廠，可以參觀每個製作過程，黑糖的原材料是甘蔗，在介紹黑糖製作前，工作人員會先解釋甘蔗的種類，還有怎樣把蔗糖提煉出來，甘蔗會被放進壓榨機中，取出糖汁，再利用沉澱槽進行分離雜質，把糖汁放進熱鍋加熱，然後利用一冷一熱的空氣將之變硬，最後進行切割、包裝等，工序一點也不簡單呢！

沖繩 糖觀光工廠

🏠 中頭郡讀谷村座喜味 2822-3
📞 098-958-4005
🕐 8:30 ～ 17:30
💴 免費入場，體驗需另外付費。
🚌 從那霸巴士總站或名護巴士總站坐 120 號巴士，在「親志入口站」下車，步行約 6 分鐘。

官網　　　　地圖

3 體驗王國 むら咲き

沖繩有很多提供各種文化體驗的地方，但說到體驗種類之最多和最齊全，一定是體驗王國莫屬了。它共設有 32 個工房，提供共 100 多項的體驗，分為傳統工藝（琉球藍染、三線製作、紅型體驗等）、海上活動（浮潛、玻璃底船等）、藝能文化（琉球舞蹈、三線欣賞、琉裝體驗）、生活

文化（風獅爺彩繪、染色體驗、沖繩涼鞋製作等）、農業（黑糖製作、甘蔗收獲體驗等）、料理體驗（沖繩茶製作、蕎麥麵製作、傳統菓子製作等），既好玩又有教育意義。園內還有提供沖繩料理的餐廳謝名亭，除了可以享用美食外，更能欣賞富有琉球風情的表演，大家不妨在此享用午餐。

體驗王國

官網　　　　　　　地圖

- 讀谷村高志保 1020-1
- 098-958-1111
- 9:00 ～ 18:00（最後入場時間 17:30）
- 成人 600 日圓、中高生 500 日圓、小學生 400 日圓
- 從那霸巴士總站坐 28 號巴士，在「大當站」下車，步行約 15 分鐘。

4 GALA 青海

GALA 青海是一個可以體驗製作海鹽的地方（在指定日期進行，詳情請參閱官網），而且也可參加有趣的陶藝、吹玻璃、蜻蜓玉飾品製作體驗、騎馬體驗等。店裡也有販售沖繩手工藝品的商店和餐廳，可以在這裡度過悠閒的一天。

GALA 青海

官網　　　　　　　地圖

- 中頭郡讀谷村高志保 915 番地
- 098-958-3940
- 10:00 ～ 18:00
- 免費入場
- 從那霸巴士總站坐 28 或 29 號巴士，在「大當站」下車，步行約 20 分鐘。

5 座喜味城跡

位於山丘之上,要遊覽需要一點腳力。這原本是在 15 世紀初建造的古城,後來受到戰爭的破壞,現在只剩下兩座城廓,石壁、拱形石門仍保留得很好,在 2000 年更被列入了世界文化遺產,是沖繩多座城跡中較精彩的一座。

座喜味城跡

🏠 中頭郡讀谷村座喜味 7086

📞 098-958-3141

🚌 從那霸巴士總站乘坐 28 號巴士,在「宇座公民館前站」下車,步行約 16 分鐘

地圖

6 NATURAL BLUE 浮潛

很多來到沖繩的遊人都喜歡參加浮潛，主要原因是沖繩擁有美麗的海洋和珊瑚礁，海底世界非常美麗夢幻，另一個原因是浮潛並不需要專業潛水資格，沒有受過潛水訓練的遊人也可以參加。沖繩有很多間為客人安排浮潛和潛水體驗的店舖，這間 NATURAL BLUE 有多個活動可以選擇，最大的優點是有台灣籍的教練，在教學上並沒有語言的問題。

NATURAL BLUE

🏠 中頭郡讀谷村喜名 193-2

📞 909-497-7374

🕐 詳情請參閱官網

💰 各活動收費不同，詳情請參閱官網。

📍 從那霸巴士總站或名護巴士總站坐 20 或 120 號巴士，在「喜名站」下車，步行約 2 分鐘。

官網 　　地圖

北谷及北中城村

3 東南植物樂園 P.161

2 美國村及
AMERICAN DEPOT
P.160

1 AEON MALL P.159

1 AEON MALL

　除了 MAIN PLACE 以外，AEON MALL 是另一間在沖繩很受歡迎的百貨公司，這裡共集合了 200 多間的專門店，部分店舖還設有免稅服務，電器、衣物、藥妝等最受遊人歡迎的貨品，都可以在這裡買到。因為假日人潮較多，建議在非假日前來，會逛得更舒適喔！來到 AEON MALL，最重要的是先去遊客服務中心拿取小冊子，它包含很多店舖的介紹和折扣券，在血拼時會派上用場。

AEON MALL

🏠 中頭郡北中城村ライカム 1 番地

📞 098-930-0425

🕙 10:00 ～ 22:00（部分店舖營業至 23:00，詳情請參閱官網）

🚌 從那霸巴士總站坐 23 號巴士，在「比嘉西原站」下車，步行約 5 分鐘。

官網　　　　地圖

2 美國村及 AMERICAN DEPOT

美國村是一個大型購物區，在這裡販售的所有貨品，例如古著、家居雜貨、香水、T-SHIRT、衣飾等，全都是美國製造，設計時尚，深受年輕人喜愛。如想盡情血拼，把所有最有創意的美國貨品一網打盡，就一定不可錯過以美國購物村為設計藍本，每個角落都充滿著濃厚美國風味的 AMERICAN DEPOT 尋寶了。這裡共分為三個分館，選擇眾多的美式百貨，令人眼花繚亂的時尚貨品，愛血拼，特別是喜歡美國貨品的朋友，來到這裡必定滿載而歸。

1 | 2
3 | 4 | 5

1 可以在 American Depot 盡情購物。**2** 店舖販售的貨品充滿美國色彩！**3** 各種潮流服飾應有盡有。**4** 充滿異國風情的美國村。**5** 在美國村裡閒逛，會以為自己置身於美國呢！

美國村及 AMERICAN DEPOT

🏠 北谷町美浜

🕐 各間店舖不同，詳情請參閱官網

📍 從那霸巴士總站坐 28、29、20 或 120 號巴士，在「美濱美國 Village 入口」下車，步行約 3 分鐘。

AMERICAN DEPOT 官網

AMERICAN DEPOT 地圖

美國村地圖

3 東南植物樂園 美らヤシパークオキナワ・東南植物楽園

大家有沒有聽過一種很有趣的樹，叫「猴麵包樹」，還有一種聽到名字不禁令人害怕的「龍血樹」？如果想看看這兩種奇樹的廬山真面目，就要來這兒參觀。在這裡，可以找到很多平時很少見到，只在熱帶生長的植物物種，共有 1300 種之多，猶如一個植物的大觀園。除了植物以外，園裡還有很可愛的小動物，很適合親子同遊。

1 2　**1** 植物園有各式的植物。**2** 植物園裡還有十分可愛的小動物。

東南植物樂園

🏠 沖繩市知花 2146

📞 098-939-2555

🕐 時間不定，詳情請參閱官網

💴 成人 1540 日圓、13 ～ 17 歲 1050 日圓、4 ～ 12 歲 600 日圓、3 歲以下免費

📍 從那霸巴士總站坐 111 號或 117 號巴士，在「沖繩北インター站」下車，步行約 23 分鐘。

官網　　　　　地圖

沖繩本島北部

名護及今歸仁

心形石 P.172 11

古宇利海洋塔 P.172 10

9 琉球窯風獅爺製作體驗 P.171

3 美麗海水族館及海洋博公園 P.165

6 今歸仁城跡 P.169

古宇利大橋 P.173 12

1 本部元氣村 P.163

今歸仁村

OKINAWA水果樂園 P.168 5

名護鳳梨園 P.166 4

名護自然動植物公園 P.164 2

ORION HAPPY PARK P.170 7

名護市

ガキヤ農場 P.170 8

1 本部元氣村 Motobu Genki Village

想親親可愛的海豚？又想玩遍各式水上活動嗎？那就一定要來到位於名護的本部元氣村了。元氣村規模很大，設施多樣，單單是水上活動已是五花八門，像香蕉船、飛行噴射板、家庭皮划艇、摩托艇、獨木舟等，說得出來的都能玩，還有豐富的文化體驗，像風鈴製作、風獅爺製作、凝膠蠟燭製作等。除了海上活動和文化體驗外，遊人來到這兒的最大目的，一定是親親可愛的海豚了。大家可以參加各種親親海豚的活動，像親親海豚、與海豚互動嬉戲、與海豚游泳、餵食海豚體驗等，在冬天裡也能參加不用下水的親親海豚活動。在體驗中可以學習到海豚的生活習慣、餵食的正確方法，既有教育意義，又有趣好玩。

1 | 2 3 4

1 餵飼可愛的海龜。2 與海豚互動遊戲。3 元氣村的海豚活潑可愛。4 坐海底觀光船探索海底世界。

本部元氣村

- 國頭郡本部町字浜元 410
- 098-051-7878
- 8:00 ～ 17:00
- 各項活動不同收費
- 從美麗海水族館坐計程車，車程約 5 分鐘

官網

地圖

1 名護動植物公園是個適合親子遊玩的景點。2 跟可愛的羊駝打個招呼。3 公園的動物明星：水豚君。4 公園裡飼養了多種鳥類。

2 名護自然動植物公園 NEO PARK

　　名護動植物公園最大特色，是它並不是以一般動物園的方式飼養動物，而是盡量營造天然的環境，如非洲區、熱帶雨林區等，都可以自由的跟對人友善的小動物互動，只要帶著一袋飼料，就能夠感受被可愛小動物重重包圍著的溫暖感覺。這裡的小動物，像水豚、火鶴、羊駝等，都彷彿成了大明星，小孩子因為能親近動物，比在一般動物園只能觀看動物更開心。走得累了，園區還貼心的提供小火車服務，可以輕輕鬆鬆的坐火車遊園一周。

名護自然動植物公園

🏠 名護市名護 4607-41

📞 098-052-6348

🕐 9:30 ～ 17:30（最後入場時間 17:00）

💴 成人 1300 日圓、4 歲至小學生 700 日圓（現場購票價）；成人 1200 日圓、4 歲至小學生 650 日圓（網上購票價）

📍 從名護巴士總站坐 66 或 67 號巴士，在「大北站」下車，步行約 15 分鐘

官網

地圖

3 美麗海水族館及海洋博公園 沖繩美ら海水族館

來到沖繩，又怎麼不去猶如龍宮一樣的美麗海水族館？自從 2001 年開幕以來，這裡就成了沖繩最具吸引力的景點，是日本最南端、最大的水族館，養有兩萬多種魚類，水槽之大屬世界第二，珊瑚海、觸摸池、熱帶魚之海等設施都大受歡迎，當中最受矚目的當然是壯觀的「黑潮之海」了。巨大的鯨鯊和魔鬼魚悠閒的游來游去，感覺十分震撼。此外，海豚表演也是超人氣的活動。水族館面積大，可觀賞的東西很多，記得預留足夠時間喔！

1	2
3	
4	

1 水族館最著名的看點：黑潮之海的巨型鯨鯊。2 可愛的海龜。3 海洋博公園裡海洋生物植物造型十分可愛。4 可以觀賞工作人員餵飼魚類。

1　2　**1** 可以觸摸海星等海洋生物。**2** 專門店販賣的商品都是水族館限定的喔！

美麗海水族館及海洋博公園　　　　　　　　　官網　　　　地圖

🏠 國頭郡本部町石川 424 番地

📞 098-048-3748

🕐 8:30 ～ 18:30（最後入場時間 17:30）

💴 大人 2180 日圓、高中生 1440 日圓、中小學生 710 日圓、6 歲以下免費

📍 從名護巴士總站或那霸機場出發，坐 117 號公車，在「紀念公園前站」下車，步行約 7 分鐘。

4　名護鳳梨園　ナゴパイナップルパーク

　　看到門外可愛的鳳梨卡通人物，就知道已到了名護鳳梨園。顧名思義，這個樂園是以鳳梨為主題，有吃的，玩的，看的，可以玩上一個多小時喔！大家可以在空中走道漫步遊園，若不想走路，也能乘坐可愛的鳳梨車繞園一周。坐著可愛的鳳梨車，在熱帶果園裡遊覽參觀，那感覺就像真的置身在熱帶樹林中一樣，雖然車程不長，卻充滿了趣味。車上還有各種語言的導覽，介紹每種鳳梨的資料。

　　鳳梨是沖繩的名物，很多人都愛吃鳳梨，卻不知道原來鳳梨也有很多種類，園區總共介紹了多種鳳梨。除了鳳梨園，這裡還有一個花園迷宮，種植的都是熱帶植物，在當中遊走份外清新悠閒，十分愜意。

　　玩累了當然要飽餐一頓了！特別推薦大家試試用新鮮鳳梨製作而成，

無論味道都非常特別的鳳梨冰淇淋和鳳梨冰。當然,除了吃的還有買的,在這裡的伴手禮店可以買到多款鳳梨相關的製品,例如鳳梨蛋糕、鳳梨汁、鳳梨酒等。值得一提的是,這裡的鳳梨汁是加了鳳梨皮製成,味道十分特別。除了鳳梨製品,也可購買整顆鳳梨,若只想淺嚐,也有單塊出售,大塊又多汁,那味道真的一級棒喔!

1 2
3

1 鳳梨是這個主題樂園的主角。2 品嚐新鮮可口的鳳梨。3 坐上可愛的鳳梨車遊覽樂園。

名護鳳梨園 Nago Pineapple Park

- 名護市為又 1195
- 098-053-3659
- 10:00 ～ 18:00(最後入場時間 17:30)
- 成人 1200 日圓、4 ～ 15 歲 600 日圓、4 歲以下免費
- 在名護總站搭乘 70 或 76 號巴士,在「名櫻大學入口站」下車,步行約 1 分鐘。

官網　　　　地圖

5 OKINAWA 水果樂園

OKINAWA 水果樂園並不是一般的果園，而是以亞熱帶樹林為主題，共分為六個園區的綜合主題公園。在生果園裡，可以看到各式各樣的熱帶水果，還有雀鳥園、蝴蝶園、餐廳、咖啡廳、購物中心等。玩累了，來一客用新鮮水果製成的水果聖代和一杯鮮甜美味的水果汁，再去購物中心把各種有趣的水果製品買回家。有吃的、有玩的、有買的、有學習的，這裡實在是很值得親子同遊的好地方。園內還設有提供各式定食的餐廳，有日式料理、西式料理，更有用新鮮水果做成的美食，絕對不要錯過。

1 色彩繽紛的水果樂園。2 熱帶果林裡的水果。3 可以在園內餐廳品嚐豐盛的水果大餐。

OKINAWA 水果樂園

🏠 名護市為又 1220-71

📞 098-052-1568

🕐 10:00 ～ 18:00（最後入場時間 17:30）

💴 大人 1200 日圓、4 歲至中學生 600 日圓

📍 從名護巴士總站搭乘 70 或 76 號巴士，在「名櫻大學入口站」下車，步行約 1 分鐘。

官網　　　地圖

6 今歸仁城跡　今帰仁城跡

今歸仁城跡是琉球王國北山王的居城，也是沖繩重要的城堡，在2000年與首里城等建築物以琉球王國的城堡和相關遺產群的名義，一起被列為世界遺產，而且今歸仁城跡也是沖繩的賞櫻勝地之一，在2月可以觀賞到美麗盛放的櫻花！

1 2
　 3

1 今歸仁城跡是沖繩的賞櫻勝地之一。2 今歸仁城跡是世界文化遺產。3 櫻花夾道歡迎遊人。

今歸仁城跡

🏠 國頭郡今歸仁村今泊 5101

📞 098-056-4400

🕐 1～4、9～12 月 8:00～18:00（最後入場時間 17:30），5～8 月 8:00～19:00（最後入場時間 18:30）

💰 成人 600 日圓、中高生 450 日圓、小學生以下免費

📍 從名護巴士總站坐 65 或 66 號巴士，在「今歸仁城迹入口站」下車，步行約 13 分鐘

官網　　　　地圖

7 ORION HAPPY PARK

沖繩的啤酒十分著名，ORION 是其中一個品牌，ORION HAPPY PARK 是以這個品牌的啤酒作為主題的工場，可以透過這裡的見學參觀，對啤酒的製作過程有更深入的了解。整個過程包括原料粉碎、加料、發酵、儲酒、過濾、裝瓶和裝罐，到最後試喝啤酒。

ORION HAPPY PARK

- 名護市東江 2-2-1
- 057-000-4103
- 見學參觀 9:00 ～ 17:00（星期三、四，12 月 31 日至 1 月 3 日休息）
- 成人 500 日圓、7 ～ 17 歲 200 日圓、6 歲以下免費
- 從那霸巴士總站或名護巴士總站坐 120 號公車，在「名护城入口站」下車，步行約 5 分鐘

官網

地圖

8 ガキヤ農場

很多農場都有提供特別體驗，多數都是擠牛奶、製作冰淇淋之類，但這裡卻提供多種在其他農場不多見的體驗：甘蔗收割。農場會為參加者提供長靴、手套和鐮刀等工具，感受一天農民的生活。首先會到甘蔗田，工作人員會教導如何使用鐮刀進行收割，然後再把甘蔗捆綁起來，運送到存放的地方。在辛勞的收割甘蔗後，還能一嚐美味甘甜的蔗汁，體會收獲的無限滿足，一起和家人來這裡感受大豐收的喜悅吧！

ガキヤ農場

- 名護市名護雨志原 5606-12
- 098-052-4027
- 從名護巴士總站坐計程車，約 12 分鐘

官網

地圖

9 琉球窯風獅爺製作體驗 について

在沖繩有很多地方都有風獅爺製作體驗，但多數都是較簡單的手繪為主，來到琉球窯，可以從揉捏琉球土到上色，全程都由自己製作，想簡單一點的，也可以只參加彩繪上色的體驗。這裡的體驗都是無須預約即可參加。除了體驗外，還有一間大規模的風獅爺商店，販售各式樣子可愛逗趣的風獅爺，以及介紹許多有關風獅爺的資料和趣事。另外，因為琉球窯與今歸仁城跡相鄰，可以安排兩地一起同遊。

1
2 3

1 可愛的風獅爺在門口歡迎大家。2 有趣的風獅爺 DIY 體驗。3 製作出屬於自己，獨一無二的風獅爺。

琉球窯風獅爺製作體驗

🏠 國頭郡今帰仁村今泊 612-2 オンザビーチカフェ 2F

📞 098-056-4561

🕙 10:00 ～ 18:00（最後體驗時間 17:00）

💰 各項體驗收費不同

📍 從名護巴士總站坐 65 或 66 號巴士，在「今泊站」下車，步行約 6 分鐘。

官網

地圖

10 古宇利海洋塔 Kouri Ocean Tower

在沖繩，有一種顏色叫「古宇利藍」，這種美得非常夢幻的色彩可以在古宇利島的海洋找到，是古宇利島的名物，而想拍到「古宇利藍」和美麗的海洋塔的夢幻美景，就一定要來到古宇利海洋塔了。這裡不單是古宇利島的必訪打卡位，塔裡還有十分好玩的遊玩設施：貝殼博物館、觀景台和幸福鐘，先到貝殼博物館觀賞各種飾品和伴手禮，然後再到觀景台觀賞無敵的「古宇利藍」美景，最後當然要和最心愛的人一起敲響充滿浪漫的幸福鐘啦！

古宇利海洋塔

🏠 國頭郡今歸仁村古宇利 538
📞 098-056-1616
🕐 10:00 ～ 18:00（最後入園時間 17:30）
💴 大人 1000 日圓、中小學生 500 日圓、小學生以下免費
📍 從名護巴士總站坐計程車，車程約 30 分鐘

官網 　地圖

11 心形石 心形岩ハートロック

心形石位於古宇利島的海岸上，因為曾是電視廣告的取景地而一舉成名，現在已成為到古宇利島必訪的打卡景點了。心形的岩石配上湛藍的海水，畫面非常夢幻美麗。要近距離觀賞心形石，需要留意潮汐時間，在漲潮時就只能在遠方眺望了。

心形石

🏯 國頭郡今歸仁村古宇利 2

📍 自駕前往

地圖

12 古宇利大橋

要從沖繩前往古宇利島,這座大橋是必經之路,它是沖繩境內第二長的大橋,長達 2 公里,來到這裡,當然不可錯過前往位於大橋周邊的古宇利海灘和南詰展望所眺望美麗海景!海水特別清澈,能見度高,有「古宇利藍」的美譽,如果幸運的話,還能看到在水裡棲息的小蟹呢。

古宇利大橋

🏯 今歸仁村古宇利

📍 自駕前往

官網

地圖

恩納

KAYAK CLUB GOODLIFE獨木舟 P.181 **8**

萬座毛 P.178 **4**

恩納海濱 P.179 **6**

萬座海灘 P.179 **5**

御菓子御殿恩納店 P.180 **7**

黑潮潛水 P.182 **9**

1 青之洞窟 P.175

11 ARUGUIDE沖繩水上立槳 P.184

2 琉球村 P.176

10 SEA STAR水上滑翔傘 P.183

3 BIOS之丘農場 P.177

1 青之洞窟　青の洞窟

　　喜歡到沖繩浮潛的朋友，一定聽過大名鼎鼎的青之洞窟。它是本島最熱門的浮潛勝地，位於真榮田岬，因為陽光透進洞裡時，會透著一絲絲美麗的藍光，所以被稱為「青之洞窟」。來到這裡，各種的美麗魚兒和可愛的海龜就在你身邊游過，只要拿些麵包，就可以把牠們吸引過來，感受被魚群包圍的有趣感覺。

　　要前往青之洞窟，可以在各大潛水店報名參加行程，很多行程都有優惠，有的更會包含免費租用相機。

　　青之洞窟有兩種前往方式：在浮潛地點附近下水，或是坐船前往浮潛地點，因為受天氣因素影響較少，成行機會較大，而且也較安全，較推薦選擇坐船前往。

青之洞窟

🏠 國頭郡恩納村真榮田 469-1

📍 從那霸巴士總站或名護巴士總站坐 20 或 120 號巴士，在「久良波站」下車，步行約 12 分鐘。

地圖

2 琉球村

在很多以文化歷史為主題的公園裡，雖然有不少古代建築，但都是以仿製為主，但琉球村裡的琉球建築，都是有幾百年歷史，名副其實的古建築，為了保存它們，政府把這些建築物買下來，再轉移到這個主題樂園裡，所以大家看到的都是真真正正的古民居，而絕非假冒的仿製品喔！村裡也舉辦多種可以加深對琉球文化了解的活動，如琉球舞蹈表演、三線表演、太鼓表演等，還設有進行各種文化體驗的工房，活動多姿多彩，以最生動有趣的方式，把琉球文化的精髓一一呈現眼前。琉球村內的餐廳提供各式沖繩料理及便當，可以在此享用午餐。

1 琉球村裡的傳統琉球民房。2 探索從前琉球居民的家居生活。3 欣賞傳統琉球歌舞表演。4 琉球村展示傳統琉球服裝。5 水牛在琉球居民的生活裡擔當重要角色

琉球村

🏠 恩納村山田 1130

📞 098-911-7168

🕐 9:30 ～ 17:00（最後入園時間 16:00）

💴 成人 2000 日圓、高校生 1500 日圓、6 ～ 15 歲 800 日圓

📍 從那霸巴士總站或名護巴士總站坐 20 或 120 號巴士，在「琉球村站」下車。

官網
地圖

③ BIOS 之丘農場　ビオスの丘

在樹蔭青青的雨林區漫步時，會以為自己正置身在亞馬遜雨林，其實這兒卻是沖繩有名的 BIOS 之丘生態農場。農場佔地 10 萬坪，規模是全琉球最大，而且設施非常多：可以在清幽的湖上遊船或划獨木舟，和不怕生的可愛小動物嬉戲，在原始森林步道散步，在遊御庭上和孩子們一起進行各種戶外活動，更能坐水牛車環繞園區，感受濃厚的琉球農村風味。

1 　　1 嘗試坐上琉球的傳統交通工具：水牛車。2 可以坐船觀賞風景。3 BIOS
2 3　之丘到處都是生氣勃勃的植物。

BIOS 之丘農場

🏠 URUMA 市石川嘉手苅 961-30

📞 098-965-3400

🕐 9:00 ～ 17:30（最後入場時間 16:15，
　星期二休息）

💰 成人 2200 日圓、4 歲至小學生 1100 日圓

📍 從琉球村坐計程車或開車，車程約 15 分鐘。

官網　　　地圖

4 萬座毛 万座毛

一看到像象鼻一樣的有趣形狀，就知道這兒是沖繩最具代表性的景點之一：萬座毛。所謂「毛」，在沖繩語中是「草原」的意思，而萬座，即是可以容納一萬人。顧名思義，萬座毛就是一片可以容納萬人的草原。據說這是從前一位琉球國王起的名字，這名字真的起得有氣勢又貼切呢！

因為海水的侵蝕，形成了像象鼻一樣的岩石，聳立在海邊，氣勢磅礴，栩栩如生，令人不禁驚嘆大自然的鬼斧神工。在 20 公尺的懸崖上，赫然是一片遼闊的草原。這片草原之大，足以容納一萬多人。一片綠油油的草地，無邊無際，形成了一片綠海，坐在草地上，一邊享受著柔和的海風輕拂，一邊看著如詩如畫的海景，真是寫意極了。

這裡另一個著名之處，就是這還是張國榮的著名電影：《戀戰沖繩》的拍攝場地，不少電影的粉絲都會來朝聖。在這裡散步大約需要 20～30 分鐘，享受吹吹海風，欣賞海景。

萬座毛

🏠 恩納村

📍 從名護巴士總站坐 20 或 120 號巴士，在「恩納村役場前站」下車，步行約 15 分鐘。

地圖

5 萬座海灘　万座ビーチ

萬座海灘是一般人也可以使用的私人海灘，水清沙幼，白沙碧海，而且還有非常美麗的珊瑚礁，除了暢泳，很多遊人都喜歡在這裡浮潛，還能進行摩托艇、滑翔傘、海底漫步等活動。由於位於萬座毛附近，可以兩地一起同遊。

萬座海灘

◎ 恩納村

◎ 9:00 ～ 17:00

◎ 從那霸巴士總站或名護巴士總站坐 20 或 120 號巴士，在「万座ビーチ前站」下車，步行約 8 分鐘。

地圖

6 恩納海濱　NABEE

如果想避開人潮，到一些較寧靜的海灘享受時光，很推薦位於恩納村公園內的 NABEE 海灘。它在萬座毛因為位置較隱蔽，遊客並不多，反而成為了一處秘境。這裡的設施齊備，燒烤區、投幣式淋浴、儲物櫃、停車場等一應俱全，還可以租借海灘

用具，進行各種水上活動，例如香蕉船、獨木舟等。這裡的一半海灘屬於飯店擁有，另一半則是公營海灘，免費入場，時常能看到當地人來舉辦派對，遊人也能在涼亭裡乘涼，觀賞萬座毛一帶的迷人景色。如果是在黃昏來到，更能欣賞到醉人的夕陽呢！

恩納海濱

- 國頭郡恩納村恩納 419-4
- 098-966-8839
- 9:00 ～ 18:00
- 從那霸巴士總站或名護巴士總站坐 20 或 120 號巴士，在「万座ビーチ前站」下車，步行約 4 分鐘

地圖

7 御菓子御殿 恩納店 （可參與 DIY 體驗）

沖繩有兩種很受歡迎的零嘴伴手禮，一是金楚糕，另一種就是紅芋塔。紅芋就是指紫心地瓜，是沖繩著名的特產。說到沖繩人氣紅芋塔，一定非御菓子御殿莫屬了。

這是一間歷史悠久的老店，出品的紅芋塔又香又滑，味道甜美，是一種很值得跟親友分享的美食。更讚的是，除了能買到紅芋塔外，還可以到御菓子御殿參加紅芋塔的製作體驗教室，12 個的體驗價錢為2970 日圓。因為參加人數眾多，記得要先預約。

教室會提供材料和道具，由老師講解，而且還有圖文並茂的說明，就算是小朋友製作也沒有難度。首

先會把麵粉糰用模子製出船形，擠上紅芋內餡，再拿去烘焙，那就大工告成了。完成後可以馬上享用，也可帶回去給親友品嚐！

御菓子御殿　恩納店（只有恩納分店設有體驗教室）

🏠 恩納村瀨良垣 100

📞 098-982-3388

🕐 體驗時間 10:00 及 13:00，商店營業時間 9:00 ～ 18:00

💴 免費入場，體驗需另外付費

📍 從那霸巴士總站或名護巴士總站坐 20 或 120 號巴士，在「瀨良垣站」下車，步行約 5 分鐘。

官網

地圖

8 KAYAK CLUB GOODLIFE 獨木舟

　　來到恩納，當然要試試各種精彩的水上活動了。獨木舟有不少朋友都玩過，那有沒有試過底部透明，可以看到水中魚類和珊瑚的獨木舟呢？即使不用下水浮潛，水底的美麗世界也能收於眼底。

KAYAK CLUB GOODLIFE 獨木舟

🏠 恩納村瀨良垣 1288

📞 098-966-8282

🕐 8:00 ～ 17:00

💴 各活動價格不同，詳情請參閱官網。

📍 從那霸巴士總站或名護巴士總站坐 20 或 120 號巴士，在「瀨良垣ビーチ前站」下車。

官網

地圖

9 黑潮潛水

　　來到沖繩這個擁有迷人海洋，還有豐富海洋生物的地方，不去看看海底的世界實在有如入寶山空手而回，但潛水的要求較高，很多都需要擁有執照，而且有難度，對一般遊人，尤其是初學者來說並不適合。相對來說，浮潛的難度、要求和價錢都較親民，因為會穿上救生衣，就算不會游泳，在會英語的教練陪同下，也可以享受浮潛的樂趣。

　　浮潛的工具十分簡單，只要配上吸管及潛水鏡，再穿上救生衣就可以活動，但需要注意的是，大多數店舖提供的潛水鏡都是沒有近視度數的。沖繩的浮潛熱點很多，其中最受歡迎的當然是青之洞窟。因為提供浮潛服務的店舖很多，競爭激烈，很多都會推出優惠，例如上網報名折扣，或是免費借用相機等，選擇時不妨貨比三家，找出最適合自己的方案。

黑潮潛水 青洞浮潛／潛水．中文專門店

🏠 國頭郡恩納村谷茶 158-2

📞 098-959-6151

🕐 8:00 ～ 19:00

💰 各種課程價格有所不同，詳情請參閱官網

📍 從那霸巴士總站或名護巴士總站坐 20 或 120 號巴士，在「谷茶站」下車，步行約 1 分鐘。

官網

地圖

10 SEA STAR 水上滑翔傘

想同時欣賞到沖繩的藍天與碧海？想感受在無盡的天空翱翔，在一望無際的海上馳騁？水上滑翔傘可以同時滿足兩個願望。

滑翔傘由汽船牽引著，在教練的陪伴下，會被升到 200 公尺的高空，不單可以感受到在空中自由自在漫步的刺激，更能居高臨下，把沖繩美麗的湛藍海洋盡收眼底，感覺就像在一片全藍色的世界裡馳騁一樣。不同的高度有不一樣的收費，若是初學或預算有限的，建議可先試試 100 公尺的高度。未成年人需要父母同意才可參加，中學生以上則可以一人體驗。

SEA STAR 水上滑翔傘

🏠 國頭郡恩納村真榮田 2971-1

📞 808-374-2390

🕐 8:00 ～ 21:00

💰 詳情請參閱官網

📍 從讀谷巴士總站坐計程車，約 4 分鐘或步行約 26 分鐘。

官網

地圖

11 ARUGUIDE 沖繩水上立槳

這是一種源自夏威夷的超人氣水上活動，難度不高，初學者也可以很容易上手，只要習慣好好平衡，就能試著拿划槳，在海上自由自在地探索漫遊。腳下就是那一片美得令人窒息的碧海，甚至會有小魚兒在身邊游過，看到海裡七彩繽紛的珊瑚。

ARUGUIDE 沖繩水上立槳

🏠 恩納村山田 3088-1

📞 098-982-5605

🕐 詳情請參閱官網

💴 詳情請參閱官網

📍 從名護巴士總站坐 20 或 120 號巴士，在「久良波站」下車，步行約 8 分鐘。

官網

地圖

第八篇
沖繩外島很精彩

OKINAWA

如果時間充裕的話，除了本島以外，也可以嘗試到沖繩其他外島遊玩，例如石垣、宮古、竹富、西表等，來一次親親自然之旅，體驗小島獨特的純樸風情。

石垣島

　　石垣島是八重山群島當中最大的島嶼，可以從沖繩本島乘坐飛機前往。石垣島擁有很多美麗的海灘和海灣，很適合喜歡大海和大自然風光的朋友。島上的海岸景色非常優美迷人，可以在此拍下很多跟明信片媲美的美麗照片。

　　因為石垣島面積較大，而且不是每個景點都有大眾交通工具可以到達，很多遊人都會選擇以自駕的方式遊玩。若是不能自駕，也可以參加當地的觀光一日遊，以最輕鬆的方式到島上的景點遊玩。另外，也有一些景點是巴士可以到達的，詳情請參閱石垣的巴士官網。

　　如果想遊玩八重山群島（石垣、西表、竹富等），可以購買包含了船及島上巴士，在有效期限內無限次數乘坐的石垣、西表周遊券，包括兩日券（成人7500日圓、兒童3750日圓），三日券（成人9500日圓、兒童4750日圓）及四日券（成人10500日圓、兒童5250日圓），詳請請參閱官網。

石垣島巴士
官網

八重山群島
交通周遊券

1 BANNA 公園　県営バンナ公園

　　說起超長的溜滑梯，很多人都會想到沖繩本島的公園，其實在石垣的 BANNA 公園也可以玩到，而且這裡還有候鳥觀察所和昆蟲館，可以親子同遊，在玩樂之餘增加對動物和昆蟲的認識，還能登上展望台，眺望石垣島的風景。

BANNA 公園

🏠 沖繩縣石垣市字石垣 961-15

📞 098-082-6993

📍 從石垣港開車或坐計程車，車程約 12 分鐘。

官網

地圖

平久保崎 P.189 **3**

12 川平灣及川平公園 P.195

7 玉取崎展望台 P.192

10 御神崎 P.194

4 米子燒工房 P.190

11 石垣島天文台 P.194

2 八重山民俗園 P.188

・石垣機場

唐人墓 P.195 **13**

9 石垣島鍾乳洞 P.193

1 BANNA公園 P.186

5 桃林寺 P.191　**8** 白保海岸 P.193

石垣公設市場 P.191 **6**

2 八重山民俗園 石垣やいま村

想參觀琉球傳統民房，又想探望可愛的小動物，八重山民俗村就可以滿足這兩個願望。這裡有多間保存得很好的琉球民房，更提供多種文化體驗，而這裡最受歡迎的設施就是松鼠猴園了，嬌小可愛的松鼠猴能自由自在的走來走去，還不時跟遊人玩耍或討吃呢！不過遊玩時要注意，這些可愛的小傢伙的另一個

身份就是無所不偷的小偷，包包若不拉好，裡面的東西就會不翼而飛了喔！園內的餐廳提供八重山麵、沖繩排骨麵、八重山御膳等，可以在此享用午餐。

1
3
2 4

1 欣賞石垣傳統歌舞表演。**2** 八重山民俗村充滿古代琉球風情。**3** 古代石垣民房。**4** 松鼠猴。

八重山民俗園

🏠 石垣市名蔵 967-1

📞 098-082-8798

🕐 9:00 ～ 17:30

¥ 大人 1200 日圓、兒童 600 日圓

📍 從石垣巴士總站坐 2 號巴士西回一周線，在「元名蔵站」下車，步行約 2 分鐘。

官網　　地圖

3 平久保崎

　　石垣以自然風光著名，被選為「日本百景」的不只是川平灣，還有著名的平久保崎。它位於島上的最北端，來到這裡，第一個映入眼簾的畫面，就是白色的燈塔佇立在青青的小山丘上，遠看過去，是一片無邊無際的湛藍大海，如果視野較好時，更能清楚看到對面的多良間島呢！

1 燈塔配上湛藍的海洋，構成一幅美麗畫面。2 平久保崎的標誌建築：燈塔。

平久保崎

🏠 石垣市平久保

📍 從石垣巴士總站坐 6 號巴士（平野線）在「平野站」下車，步行約 21 分鐘。

地圖

4 米子燒工房

米子燒工房是石垣島上風獅爺的主要誕生之地，除了可以在工房買到風獅爺紀念品外，這裡最特別之處就是附設的風獅爺公園。公園裡的風獅爺全都是造型有趣，色彩繽紛，一點也不嚴肅，反而像卡通裡的人物呢！每一隻風獅爺都是笑容燦爛，樣子逗趣，大家都迫不及待和這些可愛的沖繩旅遊大使合照。

1 2　**1** 在工房的公園裡處處可以見到風獅爺。**2** 造型非常有趣的大型風獅爺

米子燒工房

🏠 石垣市桴海 447-1

📞 098-088-2559

🕐 9:00 ～ 16:50

📍 從石垣巴士總站，坐 2 號西回一周巴士，在「米原キャンプ場站」下車，步行約 1 分鐘或從石垣巴士總站開車約 30 分鐘。

官網

地圖

5 桃林寺

桃林寺是一座歷史悠久的木製寺院，在 1614 年興建，是八重山群島最早期的寺院之一。在戰爭期間受到破壞，後來經過重建，並成為了國家指定的重要文化財。除了風貌古樸，充滿禪意的外觀，寺裡的仁王像也是沖繩最古老的木雕製品之一，相當具有歷史價值。

桃林寺

🏠 石垣市石垣 285

🕐 7:00 ～ 18:00

📞 098-082-2142

📍 從石垣港步行約 20 分鐘。

地圖

6 石垣公設市場

位於牧志附近的石垣市公設市場，是石垣人的廚房，除了一般市場都會販賣的海鮮、蔬菜外，最讚的一定非著名的石垣牛莫屬了。這裡有不少販賣上等石垣牛的店舖，價錢比在餐廳裡便宜，還可以在此買到沖繩和石垣的特產，喜歡美食的朋友來到這裡就可大飽口福了。

販賣石垣名物：石垣牛的店舖。

石垣公設市場

🏠 石垣市大川 208

📞 098-088-8634

🕐 9:00～20:00（每月第二、四個星期日休息）

📍 從石垣巴士總站步行約 8 分鐘

官網

地圖

7 玉取崎展望台

因為交通不太方便，想去這個景點多數只能靠自駕。從展望台遠眺，可以把石垣島北部的景色一覽無遺，給人心曠神怡的感覺，開車累了，以此為休息站，在這自然美景裡，消除開車的疲累也很不錯。

1 感受海風吹拂，完全投入大自然的懷抱裡。2 在展望台上眺望壯闊的海景。

玉取崎展望台

🏠 石垣市伊原間　MAP CODE 366 558 349*76

📍 從石垣巴士總站坐 3 號東回一周巴士，或 6 號（平野線）在「玉取崎站」下車，步行約 2 分鐘。

地圖

8 白保海岸

在石垣島上有不少風光怡人的海灘，白保海岸就是其中之一，它最聞名的是其面積大得驚人的藍色珊瑚礁群，很多遊人都喜歡游泳和浮潛，觀賞猶如龍宮一樣的海底世界，享受跟魚兒一起暢泳的無窮樂趣，而且這裡環境幽靜，遠離塵囂，很適合在此放鬆紓壓。

白保海岸

🏠 石垣市白保 2107-2
📍 從石垣巴士總站坐機場接駁巴士，在「白保（バス）」下車，步行約 5 分鐘。

官網 　地圖

9 石垣島鍾乳洞

對比起其他石垣的景點，石垣島鍾乳洞算是交通較方便，也較接近市中心，因此很受遊人歡迎。鍾乳洞在大自然的鬼斧神工下，經歷了 20 多萬年才形成，七彩的燈光映照著洞內鍾乳石時顯得格外夢幻。由於洞裡濕度較高，氣溫較低，參觀時記得準備一件薄外衣。

石垣島鍾乳洞

🏠 石垣市石垣 1666 番地
📞 098-083-1550
🕐 9:00 ～ 18:30（最後入場時間 18:00）
💴 成人 1200 日圓、兒童 600 日圓
📍 從石垣港巴士總站坐 7 號巴士，在「八重山自然村入口」下車，步行約 10 分鐘，或從石垣港開車或坐計程車，車程約 10 分鐘。

官網 　地圖

🔟 御神崎

　御神崎位於石垣的最西端，白色的燈塔、壯麗的海景，再加上青翠的山崗，構成一幅絕美的圖畫，如果天氣晴朗，還可以在此眺望到西表島。在斷崖上看著下面洶湧的波濤，內心的煩惱也會消失不見。

御神崎

🏠 石垣市崎枝

📍 從石垣港開車或坐計程車，車程約 35 分鐘。

官網

地圖

1️⃣1️⃣ 石垣島天文台

　由於遠離光害，沖繩很多小島都是觀星的絕佳地點，而位於沖繩南部的石垣島天文台，正是石垣島上最佳的觀星地點之一。館內設有見學體驗，讓遊人透過各種精密的望遠鏡設備，在館方提供的解說導覽下，觀賞漫天閃爍的繁星。觀星見學採取預約制，有興趣參與的朋友需要先在官網預約。

石垣島天文台

🏠 石垣市新川 1024-1

📞 098-088-0013

🕐 見學時間請參閱官網

📍 從石垣港開車或坐計程車，車程約 20 分鐘。

官網

地圖

12 川平灣及川平公園 川平湾

在石垣島上有一個被寓為「日本的馬爾代夫」，美麗得令人屏息的地方，就是來到石垣必要到此一遊的川平灣。這是一片月牙形狀的海灣，海水清澈得連水中的珊瑚也都清晰可見，不單水清沙幼，海水更會因陽光而呈現不同層次的色彩，這個充滿夢幻的地方也被列為日本百景，來到石垣又怎能不去看看呢？

川平灣景色秀麗，風光如畫。

川平灣及川平公園

🏠 石垣市川平 911

📍 從石垣巴士總站坐 7 號巴士在「仲筋站」下車，步行約 5 分鐘。

地圖

13 唐人墓

唐人墓，顧名思義就是華人的墓地。1852 年，一批中國苦力工被載往美國，因為受到虐待而奮起反抗，逃跑至石垣島時遭到炮擊殺害，死傷慘重，琉球政府把傷者送往救治，將死者好好埋葬，並在 1971 年建立了唐人墓以作紀念。由於唐人墓的建築風格充滿了傳統的福建特色，色彩繽紛，精緻華麗，成為了石垣島上其中一個別具特色的景點。

唐人墓

🏠 石垣市新川

📍 從石垣港坐系統 9 川平リゾート線，在「唐人の墓」下車，步行約 1 分鐘。

官網

地圖

竹富島

　　大家來到沖繩，當然想多了解傳統琉球文化，只是本島因為發展迅速，充滿傳統的建築和市貌，除了在琉球文化主題樂園裡之外，在其他地方並不多見，而且主題公園裡的也太人工化了，未免不及真實自然。如果你真的想體會最傳統、最純樸的琉球風情，就一定要來竹富島。

　　竹富島位於石垣附近，約每半小時就有一班船班，而且船程也只是短短的 10 至 15 分鐘而已，要前往非常方便。島上仍保留著傳統的琉球房屋，充滿了濃厚的鄉土風情，因為小島的地方不大，並不需要坐車，可以用自行車、水牛車或是徒步方式遊覽，也能參加套裝行程，有多條路線選擇，有些更會包含玻璃船、水牛車、景點接送等，可以到位於碼頭的安榮觀光即日購買。另外，一些景點也有巴士到達，詳情請參閱巴士官網。

　　除了使用交通工具外，還有不少當地旅行社提供的套裝行程，已包括了交通和門票，如要前往一些較難抵達的地方，不妨多加利用。

　　可到以下連結預約西表島、由布島及竹富島的行程：

竹富島巴士官網

西表竹富由布一日遊

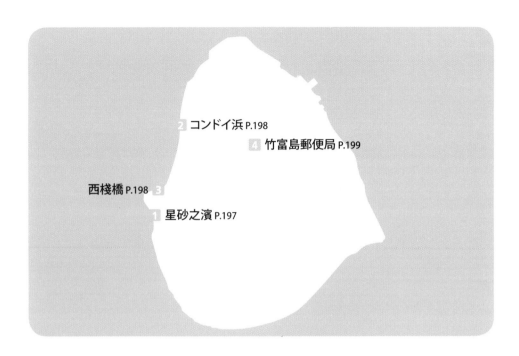

1 星砂之濱 星の砂

竹富島最著名的景點之一，沙灘上都是非常可愛有趣的星砂，幸運的話，還可以跟一些爬上岸歇息的小海洋生物打招呼。能在一片有如星海的沙灘上漫步，比起一般的海灘漫步更是浪漫難忘。

星砂之濱

📍 從竹富島港口乘坐島內巴士。

地圖

2 コンドイ浜 Kondoi Beach

　竹富島的コンドイ浜，雖然是一片小沙灘，知名度也遠遠不及本島的幾個著名沙灘，但因為遊人較少，所以這裡的海水很清澈，沙灘也份外美麗。不想去那些人多的沙灘？像コンドイ浜的小巧海灘就最適合你了。

コンドイ浜

🏠 八重山郡竹富町竹富

📍 從竹富港開車約 7 分鐘。

地圖

3 西棧橋 西桟橋

　看夕陽的地方很多，但大家想不想試試把腳浸泡在海中，一邊感受海水的清涼，一邊觀看醉人的夕陽呢？西棧橋是竹富島上著名的觀賞夕陽景點，如詩如畫的日落，令人流連忘返。

西棧橋

🏠 八重山郡竹富町竹富 207

📍 從竹富港步行約 25 分鐘。

官網

地圖

4 竹富島郵便局

很多遊人在旅遊時都有寄明信片的習慣，而在竹富島的郵便局，可以找到極具當地特色的明信片，買幾張當紀念品也很不錯呢！

竹富島郵便局

🏠 八重山郡竹富町竹富 500

地圖

西表島

　　西表島是八重山群島的其中一個，面積很大，但很多地方都未被開發，仍保留著自然的一面，因此也被稱為「日本最後秘境」。跟很多沖繩外島不同，被一大片樹林覆蓋的西表島，並不只有水上活動，還有不少森林探險活動，例如紅樹林獨木舟、叢林探險、珊瑚浮潛、瀑布探險，幸運的話，還可以看到西表島最具代表性的可愛小動物：西表山貓呢！從石垣有不少前往西表島的航班，可以安排和竹富島同一天。要前往西表島，可從石垣港坐船出發，航程約 40 ～ 50 分鐘。西表島有兩個港口：大原港及上原港，請按照前往的景點，選擇不同的碼頭。遊人到西表島遊玩，多數會以自駕的方式遊玩，不開車的人可以利用當地的觀光巴士，詳情請參閱官網。

西表島巴士
官網

2 西表島CANOE TOUR風車 P.201

1 西表島石垣國立公園 P.201

西表島

小浜

西表島石垣國立公園紅樹林獨木舟

1 西表島石垣國立公園

🏠 石垣市八島町 2-27

📞 098-082-4902

官網　　　　　地圖

2 西表島 CANOE TOUR 風車（西表島カヌーツアー風車）〔獨木舟遊紅樹林〕

🏠 八重山郡竹富町上原 521

📞 908-915-0931

🕐 各種體驗時間不同，詳情請參閱官網。

💰 各種體驗價格有所不同，詳情請參閱官網。

📍 從西表島上原港步行約 7 分鐘

官網　　　　　地圖

由布島

　由布島是位於西表島附近的一個小島，面積很小，通常會和西表島同遊。要前往由布島，需要先從石垣坐船到西表島，利用公車或計程車前往水牛車乘車場，坐水牛車前往，時間約 20 分鐘。由布島上設有歷史悠久的由布島亞熱帶植物園，遊人可到園內的水牛之池、蝴蝶園和貝之館，在綠意盎然的植物園裡悠閒漫步，真的是賞心樂事。如果在晚秋到 3 月期間來，幸運的話還能欣賞到美麗動人的三角梅，這小島最適合喜歡自然，想悠閒度過半天的遊人。因為由布島很小，可以徒步散策遊玩。

由布島水牛車體驗及由布島植物園

由布島植物園

🏠 八重山郡竹富町古見 689

📞 098-085-5470

🕐 開園時間因潮汐而不同，詳情請參閱官網。

💴 水牛車及入場費，成人 2000 日圓、兒童 1000 日圓

官網

地圖

宮古島

　宮古島是宮古群島的最大島嶼，可以從沖繩本島乘坐飛機前往。宮古島擁有美麗的自然風光和迷人海灘，遊人多數以自駕或是參觀當地一日遊的方式遊玩。另外，也有一些景點是巴士可以到達，詳情請參閱巴士官網。

宮古島巴士
官網

1 雪鹽博物館 P.204

6 池間大橋 P.207

5 宮古島海中公園 P.206

8 砂山海灘 P.207

4 伊良部大橋 P.205

3 與那霸前濱海灘 P.205

7 UENO德國文化村 P.208

2 東平安名崎 P.204

1 雪鹽博物館　雪塩ミュージアム

　　相信來過沖繩的朋友都會發現，這裡有很多以雪鹽做成的產品，例如雪鹽冰淇淋、雪鹽餅乾等，而宮古島就是出產雪鹽的主要地方。如果想了解雪鹽的製作過程，購買各種雪鹽製成的有趣產品，像雪鹽護膚品、雪鹽肥皂等，大家不妨來這間雪鹽博物館參觀。除了增長知識外，還能吃到很特別的雪鹽美食：雪鹽冰淇淋。

雪鹽博物館
🏠 宮古島市平良狩俣 191
📞 098-072-5667
🕐 4 ～ 8 月 9:00 ～ 18:00、9 ～ 3 月 9:00 ～ 17:00
💴 免費入場
📍 從宮古機場開車或坐計程車，車程約 30 分鐘。

官網 　地圖

2 東平安名崎

　　來到宮古島，當然不能錯過這裡美麗的海景。如果大家喜歡遠眺壯闊的海洋，就要來宮古島著名的景點：東平安名崎。在這裡漫步閒逛，映入眼廉的是一大片碧綠和湛藍，可以一邊欣賞 360 度的無敵海景，一邊感受微風的輕拂，空氣中還偶爾傳來一陣清幽的花香，絕對是視覺和嗅覺的雙重享受。

東平安名崎
🏠 宮古島市城辺保良 1221-14
📍 從宮古機場開車或坐計程車，車程約 30 分鐘。

官網 　地圖

3 與那霸前濱海灘 Yonaha Beach

宮古島擁有不少海灘，如果只能挑選其中一個遊玩，相信不少遊人都會推薦曾被 TripAdvisor 選為日本最佳海灘第一名的與那霸前濱海灘。這裡擁有綿延 7 公里的海灘，喜歡靜態活動的朋友可以在沙灘上漫步，一邊感受腳下沙粒的觸感，一邊觀賞藍天碧海的美麗景色；喜歡動態的朋友可以在海中暢泳，或是享受駕駛水上電單車的樂趣。

與那霸前濱海灘

🏠 宮古島市下地与那霸 1199 番

📞 098-076-2177

📍 從宮古機場開車或坐計程車，車程約 12 分鐘。

地圖

4 伊良部大橋

這是連接宮古島和伊良部島的橋樑，全長約 3,540 公尺，因為曾被 TripAdvisor 評選為日本橋樑排行榜 2016 的第一名而聞名。遊人可以在大橋的步道上漫步，一邊閒逛一邊享受拍攝的樂趣，只要隨手一拍，就可以拍下筆直的大橋配上兩邊都是壯闊蔚藍的海洋，也可以跟駐守橋上的當地吉祥物「宮古島守護君」打個招呼喔！

伊良部大橋

🏠 宮古島市

📍 從宮古機場開車或坐計程車，車程約 13 分鐘。

官網　　地圖

5 宮古島海中公園

　　日本有不少海中公園，所謂「海中公園」，其實是一種讓遊人觀察海洋生物的海中瞭望塔。在宮古島海中公園，即使不用潛水，遊人也能輕鬆觀賞到如夢似幻的海底世界，各種魚類和美麗珊瑚近在咫尺，喜歡觀賞海洋生物和探索海底世界的朋友絕對不能錯過。

宮古島海中公園

🏠 宮古島市平良狩俣 2511-1

📞 098-074-6335

🕐 9:00 ～ 17:00

💴 成人 1000 日圓、高校生 800 日圓、中小學生 500 日圓、6 歲以下免費

📍 從宮古機場開車或坐計程車，車程約 23 分鐘。

官網

地圖

6 池間大橋及池間島

池間大橋是連接池間島和宮古島的主要橋樑，可以自駕方式經過池間大橋到達池間島。島上的海岸景色非常優美，可到池間大橋展望台遠眺碧藍色的海洋，也可到池間燈塔遊覽，或是在島上寧靜的村落散步，島上有不少可愛貓咪，喜歡貓咪的朋友可以來展開一次有趣的尋貓之旅。

池間大橋及池間島

🏠 宮古島市平良

📍 從宮古機場開車或坐計程車，車程約 30 分鐘。

池間島地圖

池間大橋地圖

7 UENO 德國文化村 うえのドイツ文化村

　一看到園中那座充滿古代歐洲風情的古堡，就可以知道這是一個以德國文化為主題的樂園，它是為了紀念當地的居民曾在一場海難拯救一名德國船員而建成。除了可以在這座標誌性的古堡前打卡留念，透過大量照片和資料增加對德國文化的認識，遊人也可以了解宮古島與德國文化的淵源，感受濃厚的異國風情。

UENO 德國文化村

官網　　地圖

- 🏠 宮古島市上野宮国 775-1
- 📞 098-076-3771
- 🕐 9:30 ～ 17:30（最後入場時間 17:00）
- ¥ 文化村免費入場，博愛記念館及キンダーハウス共通券成人 850 日圓、兒童 400 日圓
- 📍 從宮古機場坐 5 號巴士，在「うえのドイツ村（バス）」下車，步行約 2 分鐘。

---

8 砂山海灘

　沖繩擁有很多水清沙幼的海灘，而砂山海灘與眾不同之處，是那一道非常宏偉壯觀，被海水浸蝕而形成的岩石拱門。大家不妨發揮一下創意，以獨特的角度拍攝出岩石拱門配合海洋，在別的海灘看不到的美麗畫面。

砂山海灘

- 🏠 宮古島市平良荷川取
- 📍 從宮古機場開車或坐計程車，車程約 15 分鐘。

地圖

推薦必遊路線

第九篇

OKINAWA

自由行最大的好處是可以按照自己的喜好編排行程，可難處卻是要在出發前做大量的功課，例如篩選適合排進行程裡的景點、把景點的次序編排妥當以免繞路、安排景點之間的交通接駁、還有安排既能配合行程，又有特色的美食等等。在這一篇裡將分享一些景點順序、交通、美食和住宿都已安排好的行程，可以此作為參考，自行調整修改，既可節省時間和心力，又能編排出適合自己的行程。

古蹟歷史 + 美食血拚之旅

由於古代琉球王國深受中國文化影響，在這條路線裡，會以琉球的古蹟歷史為主，到沖繩最著名的首里城公園參觀，再加上有趣的藍染和珊瑚染等有趣體驗、午餐享用充滿琉球風情的沖繩麵，還有到博物館了解沖繩的歷史，是一個充滿歷史和文化氣息的旅程。

至於下午的路線以則血拚和美食為主，主要區域集中在那霸市中心，只需要徒步就可到達各個景點。主要景點有國際通、平和通物產街和第一牧志公設市場，涵蓋多間特色店舖，更包含有趣的琉裝文化體驗，可以集歷史、美食、購物和文化體驗，充實有趣的一天。

👫 適合喜歡歷史、文化體驗和血拚的人　👪 適合所有年齡層　⏱ 1 天

沖繩縣立博物館 4

6 BLUE SEAL

6 驚安之殿堂

6 塩屋

琉球琉染 2

5 琉裝Studio Tyura

首里そば 3
首里城 1

7 平和通物產街

8 第一牧志公設市場

7 國際通

START

1 首里城   1.5 小時

從位於國際通一帶的飯店坐單軌電車前往,於「首里站」下車,車程15分鐘,步行約5分鐘

步行前往
約5分鐘

2 琉球琉染   1 小時

步行前往,
約20分鐘

午餐

3 首里そば   1 小時

坐單軌電車,在「歌町站」下車,步行約12分鐘

4 沖繩縣立博物館   1 小時

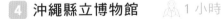

坐單軌電車,在「牧志站」下車,下車後步行約11分鐘

5 琉裝 Studio Tyura 美人琉裝

體驗　　　　　　　　45 分鐘

步行前往，
約5～10分鐘

購物　　1 小時

6 驚安之殿堂

6 塩屋

步行前往
約8分鐘

6 BLUE SEAL

7 國際通及平和通物產街

購物　　　　　　　　1 小時

步行前往
約1分鐘

晚餐

8 第一牧志公設市場

必遊路線 2

美國風情之旅

　　沖繩的文化十分獨特，因為它曾受中國文化影響，而因為美軍在此進駐，這裡也可以找到各種充滿美國特色的景點和店舖。想感受濃烈的美國風情，可以來一次以北谷為主的行程，這裡有集合多間美式餐廳和店舖的美國村，還能順道同遊東南植物樂園，見識各種千奇百怪的有趣植物。

🚶 喜歡購物和美國文化的人　　👥 適合喜歡潮流的年輕人　⏱ 1 天

東南植物樂園 1

TACO RICE CAFÉ 3 　2 美國村
KIJIMUNA 　　　AMERICAN DEPOT

START

🚌 →

午餐

1 東南植物樂園及園內午餐　　　　🚶 2 小時

從那霸巴士總站坐
111或117號巴士，
在「沖繩北インタ
ー站」下車，步行
約25分鐘

坐計程車或開車
車程約30分鐘　🚗

購物　🚶 2 小時

2 美國村　　　　　**2** AMERICAN DEPOT

步行前往
約5分鐘

晚餐　🚶 1 小時

3 TACO RICE CAFÉ KIJIMUNA

海洋探索**之旅**

這條路線以親親海洋生物為主，包含了沖繩的重量級景點美麗海水族館及海洋博公園，再配合以玩海上活動為主的本部元氣村，歷史悠久的今歸仁城跡及可以發揮創意的 DIY 風獅爺體驗，動靜皆宜，多姿多采，包羅萬有。

👫 親子旅行，喜歡動物、水上活動的人

👪 適合所有年齡層，特別是孩子 ⏱ 1 天

4 琉球窯

1 美麗海水族館
2 海洋博公園

5 今歸仁城跡

3 本部元氣村

6 百年古家大家

START

🚌

1 美麗海水族館　🚶 2 小時

從名護巴士總站出發，坐117號巴士，在「記念公園前」下車，或從那霸空港坐那霸空港接駁巴士，於「沖美ら海水族館（記念公園前）」下車

🚌

4 琉球窯

步行約4分鐘，前往垣之內入口站，坐65號巴士，在「今歸仁城跡入口站」下車，步行約14分鐘

5 今歸仁城跡

步行約20分鐘

🚶

步行約5分鐘

 午餐 1 小時

水族館餐廳

步行約5分鐘

2 **海洋博公園** 1 小時

從海洋博公園南門步行約10分鐘

3 **本部元氣村** 2 小時

坐計程車或開車前往，
車程約25分鐘

晚餐

6 **百年古家大家**
1 小時

217

必遊路線 4 沖繩體驗**之旅**

　　沖繩除了水上活動外，文化體驗也很豐富。在玩樂之餘，更可加深對琉球文化的了解，寓教學於遊戲，大人和小孩都玩得很開心。這條路線以文化體驗為主，包括到體驗王國參與例如黑糖製作、試穿琉裝、到 GALA 青海參加製鹽見學及進行陶藝製作等豐富體驗，更可到風景秀麗的殘波岬參觀，以及品嚐性價比很高的傳統沖繩料理。

🚹 喜歡製作手工藝品、對琉球文化有興趣、品味悠閒生活的人

👥 適合所有年齡層　⏱ 1 天

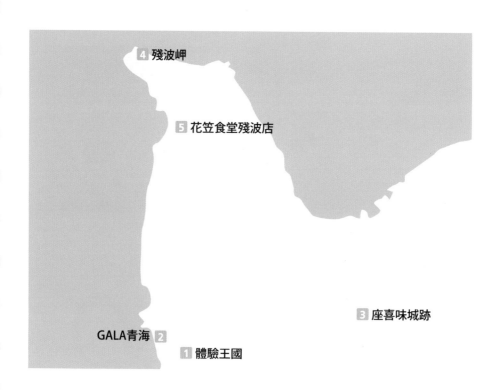

4 殘波岬

5 花笠食堂殘波店

3 座喜味城跡

GALA青海 2

1 體驗王國

START

🚌

1 體驗王國 🧍 2.5 小時

從那霸巴士總站坐28號巴士，在「大當站」下車，步行約15分鐘

步行前往
約5分鐘

🧍

午餐 🧍 1 小時

體驗王國餐廳

3 座喜味城跡 🧍 0.45 小時

🧍 步行約7分鐘

2 GALA 青海
🧍 1 小時

🚗 開車或坐計程車約10分鐘

🚗 開車或坐計程車
約10分鐘

4 殘波岬 🧍 45 分鐘

🧍 步行約7分鐘

晚餐 🧍 1 小時

5 花笠食堂殘波店

探索海洋 + 傳統文化之旅

不到最著名的浮潛熱點青之洞窟，又怎算來過浮潛和水上活動的天堂沖繩？浮潛最大的好處是不用考取證書，只需要經過簡單的解說，在教練的幫助下，穿上救生衣就可以進行了。這個行程結合浮潛和傳統文化，既可以和魚類一起暢泳，又能到琉球文化主題樂園進行各種體驗，還可到 BIOS 生命之丘感受純樸的自然生活，再加上景色壯觀的萬座毛，絕對是趣味十足，豐富充實的一天行程。

🏃 喜歡浮潛、對沖繩傳統文化感興趣的人

👪 適合所有年齡層，特別是親子旅遊　⏱ 1 天

4 萬座毛
5 元祖海ぶどう本店

1 青之洞窟浮潛

2 琉球村

3 BIOS生命之丘

1 青之洞窟浮潛　 2.5 小時

從名護巴士總站或那霸巴士總站坐20或120號巴士，在「久良波站」下車，步行約12分鐘

坐120號巴士，在「琉球村站」下車，步行約1分鐘

3 BIOS 生命之丘　1.5 小時

午餐 2.5 小時

2 琉球村及園內午餐

坐計程車或開車，車程約15分鐘

坐計程車或開車，車程約18分鐘

晚餐 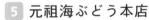 1 小時

4 萬座毛　45 分鐘

5 元祖海ぶどう本店

步行約5分鐘

採果觀光 + 親親動物之旅

　　沖繩因為氣候和暖，很適合熱帶水果生長，除了可在這兒品嚐到非常優質的水果外，也可以參加採果體驗，或是參觀果園見學。這個行程集合了兩大果園：鳳梨園和OKINAWA 水果樂園，還有到動植物公園親親可愛的小動物，既可以增廣見聞，又能吃到和買到美味的水果及相關美食。

👫 對採果體驗及參觀果園有興趣的人、喜歡動物的人

👪 適合所有年齡層　　⏱ 1 天

2 OKINAWA水果樂園

1 名護鳳梨園

3 名護自然動植物公園

4 燒肉乃我那霸

START

在名護總站搭乘70或76號巴士，在「名櫻大學入口站」下車，步行約1分鐘

1 名護鳳梨園　　1.5 小時

午餐　2.5 小時

2 **OKINAWA 水果樂園及園內午餐**

步行約
1分鐘

開車或坐計程車，車程約7分鐘

1.5 小時

3 名護自然動植物公園

開車或坐計程車，車程約6分鐘，或步行約27分鐘

晚餐

4 燒肉乃我那霸　　1.5 小時

223

石垣小島**風情之旅**

若旅程時間較充裕，或已玩過本島，想尋求一些較新鮮的景點，很推薦去石垣玩玩。從那霸坐飛機約一個小時就可到達。在沖繩眾多島嶼中，石垣島可說是旅遊元素最豐富，景點最多的一個。可以選擇以巴士或觀光巴士（只能到達部分景點）的形式遊玩，如能自駕就更方便了。這個行程包含了多個自然美景，如川平灣、平久保崎、玉取崎展望台，另外也有有趣的琉球文化，如米子燒工房（風獅爺公園）及八重山民俗村，最後當然也不能對不起肚子，去石垣市公設市場好好飽餐一頓價錢合理，又新鮮美味的料理啦！

👫 想到沖繩外島感受小島風情的人、喜歡自然風光的人

👪 適合所有年齡層　⏱ 1 天

- 4 平久保崎
- 玉取崎展望台 5
- 川平灣及川平公園 2
- 1 米子燒工房
- 八重山民俗園 3
- 6 石垣公設市場

START

1 米子燒工房 45 分鐘

從石垣巴士總站出發，開車或坐計程車，車程約30分鐘

開車或坐計程車，車程約12分鐘

1 小時

2 川平灣及川平公園

午餐 2 小時

3 八重山民俗園及午餐

開車或坐計程車，車程約15分鐘

開車或坐計程車，車程約50分鐘

5 玉取崎展望台 30 分鐘

4 平久保崎 30 分鐘

開車或坐計程車，車程約22分鐘

開車或坐計程車，車程約35分鐘

晚餐 1 小時

6 石垣公設市場及晚餐

不同天數的套裝行程

自由行的樂趣在於為自己量身打造最適合的行程，當然，一些範例行程不會適用於每位遊人，也不能完全複製成為自己的行程，但可以作為參考，挑選出適合自己的方案。

在這一篇裡，將會提供一些範例套裝行程供大家參考。

（可以到達景點的巴士路線很多，行程表裡只列出部分可行方案，實際巴士資訊可到 GOOGLE MAP 查閱。）

那霸、名護五天四夜之旅

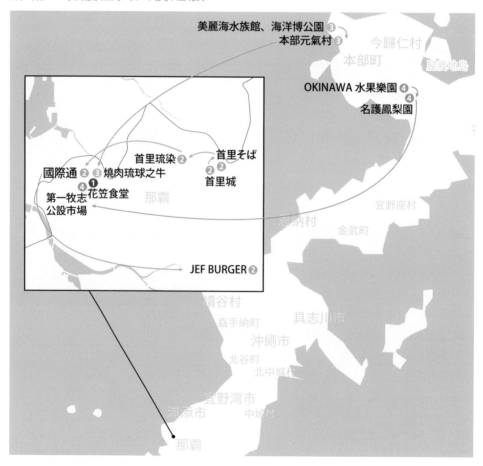

Day 1　到達沖繩

交通	用餐	住宿
▪ **那霸空港至飯店** 那霸空港站坐單軌電車，旭橋站下車，車程約 15 分鐘。 ▪ **飯店至花笠食堂** 步行約 25 分鐘。	▪ **晚餐** 花笠食堂（沖繩料理）	那霸巴士總站及旭橋站附近飯店

Day 2　早上前往首里城遊玩，午飯後去首里琉染，晚上回到國際通閒逛。

交通	用餐	住宿
▪ **飯店至首里城** 在旭橋站坐單軌電車，首里站下車，車程約 20 分鐘，下車後步行約 5 分鐘。 ▪ **首里城至首里そば** 步行約 1 分鐘。 ▪ **首里そば至首里琉染** 步行約 18 分鐘。 ▪ **首里琉染至國際通：** 到山川站坐 9 號或 14 號巴士（沖繩那霸諾富特飯店前方向），TENBUSU 前下車，步行約 6 分鐘。 ▪ **國際通至 JEF BURGER：** 步行約 10 分鐘。 ▪ **JEF BURGER 至飯店** 步行約 21 分鐘。	▪ **午餐** 首里そば（沖繩麵） ▪ **晚餐** JEF BURGER （苦瓜漢堡）	那霸巴士總站及旭橋站附近飯店

Day 3　前往美麗海水族館、海洋博公園及本部元氣村。

交通	用餐	住宿
▪ **飯店至美麗海水族館** 在那霸巴士總站 11 月台，坐 117 號巴士（國場方向），紀念公園前站下車，步行約 10 分鐘。 ▪ **美麗海水族館至海洋博公園** 步行約 1 分鐘。	▪ **午餐** 水族館內餐廳 ▪ **晚餐** 燒肉琉球之牛那霸國際通店（石垣牛）	那霸巴士總站及旭橋站附近飯店

■ **海洋博公園至本部元氣村**
從海洋博公園南門，步行約 10 分鐘。
■ **本部元氣村至燒肉琉球之牛**
ハナサキマルシェ前坐 OAS ／ APL-RP 巴士，
那霸巴士總站（那霸バスターミナル）前下車，
步行約 22 分鐘。
■ **燒肉琉球之牛至飯店**
步行約 22 分鐘。

Day 4　早上前往 OKINAWA 水果樂園，下午去名護鳳梨園，黃昏去第一
牧志公設市場。

■ **飯店至 OKINAWA 水果樂園**
在那霸巴士總站（旭橋・那霸バスターミナル）
第 11 月台坐 111 ／ 117 號巴士（国場方向），
名護巴士總站下車，再轉乘 70 號巴士（名護
市役所前方向），名櫻大學入口下車，步行
約 1 分鐘。
■ **OKINAWA 水果樂園至名護鳳梨園**
步行約 1 分鐘。
■ **名護鳳梨園至第一牧志公設市場**
在名櫻大學入口坐 70 號巴士（第一中山方
向），谷茶本部町站下車，轉乘 111 ／ 117
號巴士（本部博物館前方向），那霸巴士總
站（旭橋駅・那霸バスターミナル）下車，步
行約 21 分鐘。
■ **第一牧志公設市場至飯店**
步行約 21 分鐘。

■ **午餐**
OKINAWA 水果
樂園內（水果甜
點及輕食）
■ **晚餐**
第一牧志公設市
場（海鮮）

那霸巴士總
站及旭橋站
附近飯店

Day 5　回程

■ **飯店至那霸空港**
在旭橋站坐單軌電車，那霸空港站下車，車
程約 15 分鐘。

■ **午餐**
飛機上

那霸、讀谷、青之洞窟、名護五天四夜之旅

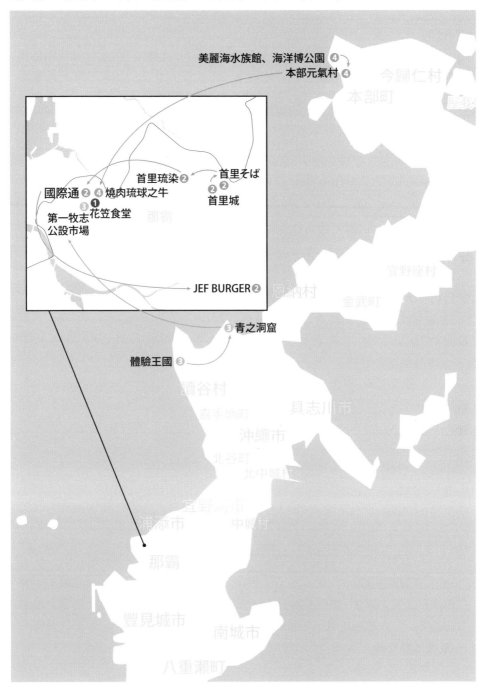

美麗海水族館、海洋博公園 ④
本部元氣村 ④

首里琉染 ②　　　首里そば ②
首里城 ②

國際通 ② ④ 燒肉琉球之牛
③ ① 花笠食堂
第一牧志
公設市場

JEF BURGER ②

青之洞窟 ③

體驗王國 ③

Day 1　到達沖繩

交通	用餐	住宿
▪ **那霸空港至飯店** 在那霸空港站坐單軌電車，旭橋站下車，車程約 15 分鐘。 ▪ **飯店至花笠食堂** 步行約 25 分鐘。	▪ **晚餐** 花笠食堂（沖繩料理）	那霸巴士總站及旭橋站附近飯店

Day 2　早上前往首里城遊玩，午飯後去首里琉染，晚上回到國際通閑逛。

交通	用餐	住宿
▪ **飯店至首里城** 在旭橋站坐單軌電車，首里站下車，車程約 20 分鐘，下車後步行約 5 分鐘。 ▪ **首里城至首里そば** 步行約 1 分鐘。 ▪ **首里そば至首里琉染** 步行約 18 分鐘。 ▪ **首里琉染至國際通：** 到山川站坐 9 號或 14 號巴士（沖繩那霸諾富特飯店前方向），TENBUSU 前下車，步行約 6 分鐘。 ▪ **國際通至 JEF BURGER：** 步行約 10 分鐘。 ▪ **JEF BURGER 至飯店** 步行約 21 分鐘。	▪ **午餐** 首里そば（沖繩麵） ▪ **晚餐** JEF BURGER（苦瓜漢堡）	那霸巴士總站及旭橋站附近飯店

Day 3　早上前往體驗王國，下午去青之洞窟，黃昏去第一牧志公設市場。

交通	用餐	住宿
▪ **飯店至體驗王國** 在那霸巴士總站第 3 月台坐 28 號巴士（縣廳北口方向），大當站下車，步行約 16 分鐘。 ▪ **體驗王國至青之洞窟** 坐計程車約 15 分鐘。	▪ **午餐** 體驗王國內餐廳 ▪ **晚餐** 第一牧志公設市場（海鮮）	那霸巴士總站及旭橋站附近飯店

- ▪ **青之洞窟至第一牧志公設市場**
在久良波站，坐 120 號巴士（山田方向），
牧志站下車，步行約 7 分鐘。
- ▪ **第一牧志公設市場至飯店**
步行約 21 分鐘。

Day 4　前往美麗海水族館、海洋博公園及本部元氣村。

- ▪ **飯店至美麗海水族館**
在那霸巴士總站 11 月台，坐 117 號巴士（國
場方向），紀念公園前站下車，步行約 10 分鐘。
- ▪ **美麗海水族館至海洋博公園**
步行約 1 分鐘。
- ▪ **海洋博公園至本部元氣村**
從海洋博公園南門，步行約 10 分鐘。
- ▪ **本部元氣村至燒肉琉球之牛**
ハナサキマルシェ前坐 OAS ／ APL-RP 巴士，
那霸巴士總站（那霸バスターミナル）前下車，
步行約 22 分鐘。
- ▪ **燒肉琉球之牛至飯店**
步行約 23 分鐘。

- ▪ **午餐**
水族館內餐廳
- ▪ **晚餐**
燒肉琉球之牛那
霸國際通店（石
垣牛）

那霸巴士總
站及旭橋站
附近飯店

Day 5　回程

- ▪ **飯店至那霸空港**
在旭橋站坐單軌電車，那霸空港站下車，車
程約 15 分鐘。

- ▪ **午餐**
飛機上

那霸、美國村及名護五天四夜之旅

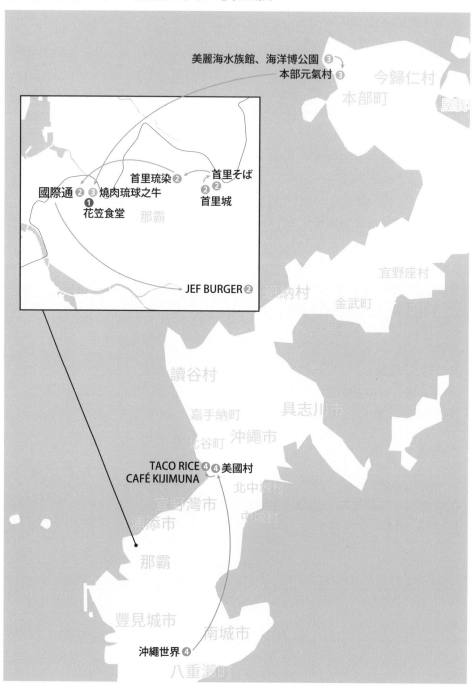

美麗海水族館、海洋博公園 ❸
本部元氣村 ❸

今歸仁村

本部町

屋我

首里そば
首里琉染 ❷
國際通 ❷ ❸ 燒肉琉球之牛
❶ 花笠食堂
那霸

❷
❷ 首里城

宜野座村

JEF BURGER ❷

金武町

讀谷村

具志川市

嘉手納町

沖繩市

北谷町

TACO RICE ❹ ❹ 美國村
CAFÉ KIJIMUNA

北中城村

中城村

宜野灣市

浦添市

那霸

豐見城市

南城市

沖繩世界 ❹

八重瀬町

Day 1　到達沖繩

交通	用餐	住宿
▪ **那霸空港至飯店** 在那霸空港站坐單軌電車，旭橋站下車，車程約 15 分鐘。 ▪ **飯店至花笠食堂** 步行約 25 分鐘。	▪ **晚餐** 花笠食堂（沖繩料理）	那霸巴士總站及旭橋站附近飯店

Day 2　早上前往首里城遊玩，午飯後去首里琉染，晚上回到國際通閒逛。

交通	用餐	住宿
▪ **飯店至首里城** 在旭橋站坐單軌電車，首里站下車，車程約 20 分鐘，下車後步行約 5 分鐘。 ▪ **首里城至首里そば** 步行約 1 分鐘。 ▪ **首里そば至首里琉染** 步行約 18 分鐘。 ▪ **首里琉染至國際通：** 到山川站坐 9 號或 14 號巴士（沖繩那霸諾富特飯店前方向），TENBUSU 前下車，步行約 6 分鐘。 ▪ **國際通至 JEF BURGER：** 步行約 10 分鐘。 ▪ **JEF BURGER 至飯店** 步行約 21 分鐘。	▪ **午餐** 首里そば（沖繩麵） ▪ **晚餐** JEF BURGER （苦瓜漢堡）	那霸巴士總站及旭橋站附近飯店

Day 3　前往美麗海水族館、海洋博公園及本部元氣村。

交通	用餐	住宿
▪ **飯店至美麗海水族館** 在那霸巴士總站 11 月台，坐 117 號巴士（國場方向），紀念公園前站下車，步行約 10 分鐘。 ▪ **美麗海水族館至海洋博公園** 步行約 1 分鐘。	▪ **午餐** 水族館內餐廳 ▪ **晚餐** 燒肉琉球之牛那霸國際通店（石垣牛）	那霸巴士總站及旭橋站附近飯店

- 海洋博公園至本部元氣村
從海洋博公園南門，步行約 10 分鐘。
- 本部元氣村至燒肉琉球之牛
ハナサキマルシェ前坐 OAS ／ APL-RP 巴士，
那霸巴士總站（那霸バスターミナル）前下車，
步行約 22 分鐘。
- 燒肉琉球之牛至飯店
步行約 23 分鐘。

Day 4　早上前往沖繩世界，下午去美國村，黃昏前往 TACO RICE CAFÉ KIJIMUNA 晚餐。

- 飯店至沖繩世界
在那霸巴士總站 9 號月台，坐 83 號巴士，玉泉洞停車場下車，步行約 1 分鐘。
- 沖繩世界至美國村
在玉泉洞前站坐 83 號巴士，那霸巴士總站下車，到 11 號月台，坐 120 號巴士，美濱美国村入口站下車。
- 美國村至 TACO RICE CAFÉ KIJIMUNA
步行約 2 分鐘。
- TACO RICE CAFÉ KIJIMUNA 至飯店
在美濱美国村入口站坐 120 號巴士（謝苅入口方向），那霸巴士總站下車。

- 午餐
沖繩世界園內餐廳
- 晚餐
TACO RICE CAFÉ KIJIMUNA （塔可飯）

那霸巴士總站及旭橋站附近飯店

Day 5　回程

- 飯店至那霸空港
在旭橋站坐單軌電車，那霸空港站下車，車程約 15 分鐘。

- 午餐
飛機上

那霸及名護六天五夜之旅

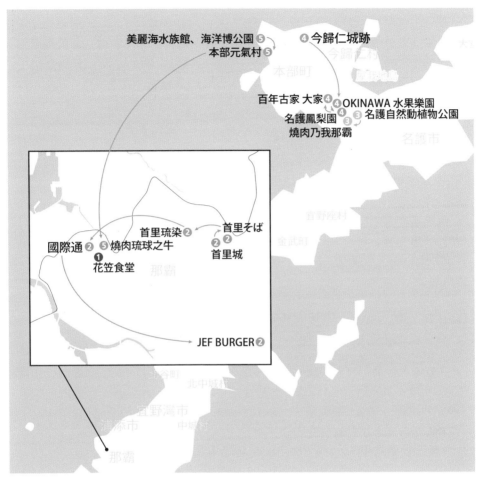

Day 1　到達沖繩

交通	用餐	住宿
▪ **那霸空港至飯店** 在那霸空港站坐單軌電車，旭橋站下車，車程約 15 分鐘。 ▪ **飯店至花笠食堂** 步行約 25 分鐘。	▪ **晚餐** 花笠食堂（沖繩料理）	那霸巴士總站及旭橋站附近飯店

Day 2　早上前往首里城遊玩，午飯後去首里琉染，晚上回到國際通閒逛。

■ **飯店至首里城**
在旭橋站坐單軌電車，首里站下車，車程約 20 分鐘，下車後步行約 5 分鐘。

■ **首里城至首里そば**
步行約 1 分鐘。

■ **首里そば至首里琉染**
步行約 18 分鐘。

■ **首里琉染至國際通：**
山川站坐 9 號或 14 號巴士（沖繩那霸諾富特飯店前方向），TENBUSU 前下車，步行約 6 分鐘。

■ **國際通至 JEF BURGER：**
步行約 10 分鐘。

■ **JEF BURGER 至飯店**
步行約 21 分鐘。

■ **午餐**
首里そば（沖繩麵）

■ **晚餐**
JEF BURGER
（苦瓜漢堡）

那霸巴士總站及旭橋站附近飯店

Day 3　早上退房，帶著行李前往名護，在飯店放下行李後，下午前往名護自然動植物公園。

■ **那霸飯店退房，至名護飯店寄放行李**
那霸巴士總站 11 號月台坐 111 或 17 號巴士（国場方向），名護巴士總站（名護バスターミナル）下車。

■ **名護飯店至名護動植物公園**
在名護巴士總站坐 66 ／ 67 號巴士（名護市役所前方向），大北站下車，步行約 16 分鐘。

■ **名護動植物公園至燒肉乃我那霸**
步行約 25 分鐘，或坐計程車約 8 分鐘。

■ **燒肉乃我那霸至飯店**
步行約 23 分鐘。

■ **午餐**
水族館內餐廳

■ **晚餐**
燒肉乃我那霸
（AGU 豬）

名護巴士總站附近飯店

Day 4　早上前往今歸仁城跡（如遇花季可賞櫻花）、OKINAWA 水果樂園，下午去名護鳳梨園。

■ **飯店至今歸仁城跡**
在名護巴士總站坐 65 號或 66 號巴士（名護市役所前方向），今歸仁城跡入口下車，步行約

■ **午餐**
OKINAWA 水果樂園內

名護巴士總站附近飯店

16 分鐘。

- **今歸仁城跡至 OKINAWA 水果樂園**
坐計程車，約 20 分鐘。

- **OKINAWA 水果樂園至名護鳳梨園**
步行約 1 分鐘。

- **名護鳳梨園至百年古家 大家**
步行約 16 分鐘。

- **百年古家 大家至飯店**
在第一中山站坐 70 號巴士（名櫻大學入口方向），名護巴士總站下車。

- **晚餐**
百年古家大家
（AGU 豬）

Day 5　前往美麗海水族館、海洋博公園及本部元氣村，黃昏回到那霸，放下行李後用餐。

- **飯店退房並寄放行李，至美麗海水族館**
在名護巴士總站坐 117 號巴士（本部港方向），紀念公園前站下車，步行約 6 分鐘。

- **美麗海水族館至海洋博公園**
步行約 1 分鐘。

- **海洋博公園至本部元氣村**
從海洋博公園南門，步行約 10 分鐘。

- **本部元氣村至名護飯店取回行李**
在垣之內入口（浦崎〔縣道〕方向），坐 65 號巴士於名護巴士總站下車，或 66 號巴士於北農前站下車，步行約 6 分鐘。

- **名護飯店至那霸飯店**
在名護巴士總站坐 111 或 117 號巴士（名護市役所前方向），那霸巴士總站下車。

- **飯店至燒肉琉球之牛**
步行約 22 分鐘。

- **午餐**
水族館內餐廳
- **晚餐**
燒肉琉球之牛

那霸巴士總站或旭橋附近飯店

Day 6　回程

- **飯店至那霸空港**
在旭橋站坐單軌電車，那霸空港站下車，車程約 15 分鐘。

- **午餐**
飛機上

沖繩本島八天七夜之旅

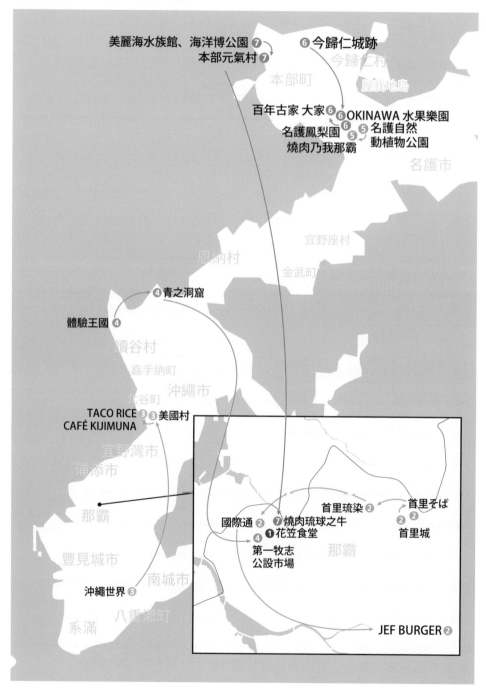

美麗海水族館、海洋博公園 ⑦
本部元氣村 ⑦

⑥ 今歸仁城跡
今歸仁村
本部町
屋我地島

百年古家 大家 ⑥
⑥ OKINAWA 水果樂園
名護鳳梨園
⑥ 名護自然
⑤ 動植物公園
燒肉乃我那霸
名護市

宜野座村

恩納村
金武町

④ 青之洞窟
體驗王國 ④
讀谷村
嘉手納町
沖繩市
北谷町
TACO RICE ③ ③ 美國村
CAFÉ KIJIMUNA
宜野灣市
浦添市
那霸
豐見城市
南城市
沖繩世界 ③
系滿
八重瀨町

國際通 ②
⑦ 燒肉琉球之牛
首里琉染 ②
首里そば
②
④ ① 花笠食堂
首里城
第一牧志
公設市場
那霸

JEF BURGER ②

Day 1　到達沖繩

交通	用餐	住宿
▪ **那霸空港至飯店** 在那霸空港站坐單軌電車，旭橋站下車，車程約 15 分鐘。 ▪ **飯店至花笠食堂** 步行約 25 分鐘。	▪ **晚餐** 花笠食堂（沖繩料理）	那霸巴士總站及旭橋站附近飯店

Day 2　早上前往首里城遊玩，午飯後去首里琉染，晚上回到國際通閒逛。

交通	用餐	住宿
▪ **飯店至首里城** 在旭橋站坐單軌電車，首里站下車，車程約 20 分鐘，下車後步行約 5 分鐘。 ▪ **首里城至首里そば** 步行約 1 分鐘。 ▪ **首里そば至首里琉染** 步行約 18 分鐘。 ▪ **首里琉染至國際通：** 到山川站坐 9 號或 14 號巴士（沖繩那霸諾富特飯店前方向），TENBUSU 前下車，步行約 6 分鐘。 ▪ **國際通至 JEF BURGER：** 步行約 10 分鐘。 ▪ **JEF BURGER 至飯店** 步行約 21 分鐘。	▪ **午餐** 首里そば（沖繩麵） ▪ **晚餐** JEF BURGER （苦瓜漢堡）	那霸巴士總站及旭橋站附近飯店

Day 3　早上前往沖繩世界，下午去美國村，用餐後回到那霸。

交通	用餐	住宿
▪ **飯店至沖繩世界** 在那霸巴士總站 9 號月台，坐 83 號巴士，玉泉洞停車場下車，步行約 1 分鐘。	▪ **午餐** 沖繩世界園內餐廳	那霸巴士總站及旭橋站附近飯店

- **沖繩世界至美國村**
在玉泉洞前站坐83號巴士，那霸巴士總站下車，到 11 號月台，坐 120 號巴士，美浜美国村入口站下車。
- **美國村至 TACO RICE CAFÉ KIJIMUNA**
步行約 2 分鐘。
- **TACO RICE CAFÉ KIJIMUNA 至飯店**
在美浜美国村入口站坐 120 號巴士（謝苅入口方向），那霸巴士總站下車。

- **晚餐**
TACO RICE CAFÉ KIJIMUNA （塔可飯）

Day 4　早上前往體驗王國，下午去青之洞窟，黃昏去第一牧志公設市場。

- **飯店至體驗王國**
在那霸巴士總站第 3 月台坐 28 號巴士（縣廳北口方向），大當站下車，步行約 16 分鐘。
- **體驗王國至青之洞窟**
坐計程車約 15 分鐘。
- **青之洞窟至第一牧志公設市場**
在久良波站，坐 120 號巴士（山田方向），牧志站下車，步行約 7 分鐘。
- **第一牧志公設市場至飯店**
步行約 21 分鐘。

- **午餐**
體驗王國內餐廳
- **晚餐**
第一牧志公設市場

那霸巴士總站及旭橋站附近飯店

Day 5　早上退房，帶著行李前往名護，在飯店放下行李後，下午前往名護自然動植物公園。

- **那霸飯店退房，至名護飯店寄放行李**
在那霸巴士總站 11 號月台坐 111 ／ 117 號巴士（国場方向），名護巴士總站（名護バスターミナル）下車。
- **名護飯店至名護動植物公園**
在名護巴士總站坐 66 ／ 67 號巴士（名護市役所前方向），大北站下車，步行約 16 分鐘。

- **午餐**
水族館內餐廳
- **晚餐**
燒肉乃我那霸（AGU 豬）

名護巴士總站附近飯店

■ 名護動植物公園至燒肉乃我那霸
步行約 25 分鐘，或坐計程車約 8 分鐘。

■ 燒肉乃我那霸至飯店
步行約 23 分鐘。

Day 6 早上前往今歸仁城跡（如遇花季可賞櫻花）、OKINAWA 水果樂園，下午去名護鳳梨園。

■ 飯店至今歸仁城跡
在名護巴士總站坐 65 號或 66 號巴士（名護市役所前方向），今歸仁城跡入口下車，步行約 16 分鐘。

■ 今歸仁城跡至 OKINAWA 水果樂園
坐計程車，約 20 分鐘。

■ OKINAWA 水果樂園至名護鳳梨園
步行約 1 分鐘。

■ 名護鳳梨園至百年古家 大家
步行約 16 分鐘。

■ 百年古家 大家至飯店
在第一中山站坐 70 號巴士 （名櫻大學入口方向），名護巴士總站下車。

■ 午餐
OKINAWA 水果樂園內（水果甜點及輕食）

■ 晚餐
百年古家大家
（AGU 豬）

名護巴士總站附近飯店

Day 7 前往美麗海水族館、海洋博公園及本部元氣村，黃昏回到那霸，放下行李後用餐。

■ 飯店退房並寄放行李，至美麗海水族館
在名護巴士總站坐 117 號巴士（本部港方向），紀念公園前站下車，步行約 6 分鐘。

■ 美麗海水族館至海洋博公園
步行約 1 分鐘。

■ 海洋博公園至本部元氣村
從海洋博公園南門，步行約 10 分鐘。

■ 午餐
水族館內餐廳

■ 晚餐
燒肉琉球之牛

那霸巴士總站或旭橋附近飯店

- **本部元氣村至名護飯店取回行李**

在垣之內入口（浦崎〔縣道〕方向），坐 65 號巴士於名護巴士總站下車，或 66 號巴士於北農前站下車，步行約 6 分鐘。

- **名護飯店至那霸飯店**

在名護巴士總站坐 111 或 117 號巴士（名護市役所前方向），那霸巴士總站下車。

- **飯店至燒肉琉球之牛**

步行約 22 分鐘。

Day 8　回程

- **飯店至那霸空港**

在旭橋站坐單軌電車，那霸空港站下車，車程約 15 分鐘。

- **午餐**

飛機上

那霸、名護及石垣九天八夜之旅

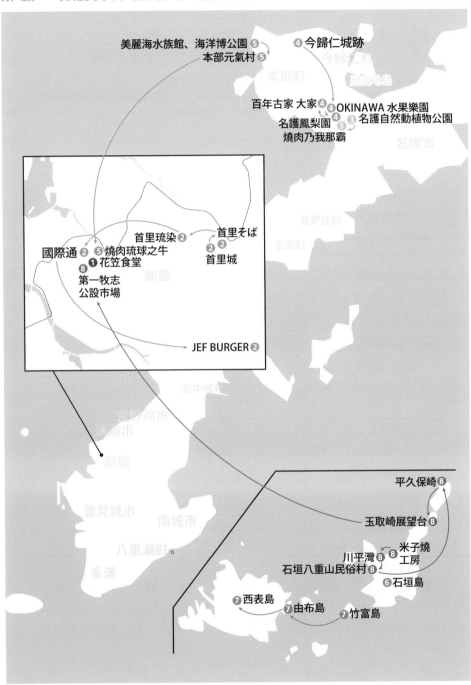

美麗海水族館、海洋博公園⑤　　④今歸仁城跡
本部元氣村⑤

百年古家 大家④　④OKINAWA 水果樂園
名護鳳梨園④③名護自然動植物公園
燒肉乃我那霸

首里琉染②　　首里そば
②
國際通②⑤燒肉琉球之牛　　首里城
⑧①花笠食堂
第一牧志
公設市場

JEF BURGER②

平久保崎⑧

玉取崎展望台⑧

米子燒
川平灣⑧⑧工房
石垣八重山民俗村⑧
⑥石垣島

⑦西表島　　⑦由布島
⑦竹富島

Day 1　到達沖繩

交通	用餐	住宿
▪ **那霸空港至飯店** 在那霸空港站坐單軌電車,旭橋站下車,車程約 15 分鐘。 ▪ **飯店至花笠食堂** 步行約 25 分鐘。	▪ **晚餐** 花笠食堂(沖繩料理)	那霸巴士總站及旭橋站附近飯店

Day 2　早上前往首里城遊玩,午飯後去首里琉染,晚上回到國際通閒逛。

交通	用餐	住宿
▪ **飯店至首里城** 在旭橋站坐單軌電車,首里站下車,車程約 20 分鐘,下車後步行約 5 分鐘。 ▪ **首里城至首里そば** 步行約 1 分鐘。 ▪ **首里そば至首里琉染** 步行約 18 分鐘。 ▪ **首里琉染至國際通:** 到山川站坐 9 號或 14 號巴士(沖繩那霸諾富特飯店前方向),TENBUSU 前下車,步行約 6 分鐘。 ▪ **國際通至 JEF BURGER:** 步行約 10 分鐘。 ▪ **JEF BURGER 至飯店** 步行約 21 分鐘。	▪ **午餐** 首里そば(沖繩麵) ▪ **晚餐** JEF BURGER (苦瓜漢堡)	那霸巴士總站及旭橋站附近飯店

Day 3　早上退房,帶著行李前往名護,在飯店放下行李後,下午前往名護自然動植物公園。

交通	用餐	住宿
▪ **那霸飯店退房,至名護飯店寄放行李** 在那霸巴士總站 11 號月台坐 111／117 號巴士(国場方向),名護巴士總站(名護バスターミナル)下車。	▪ **午餐** 水族館內餐廳	名護巴士總站附近飯店

■ **名護飯店至名護動植物公園**
在名護巴士總站坐 66 ／ 67 號巴士（名護市役所前方向），大北站下車，步行約 16 分鐘。

■ **晚餐**
燒肉乃我那霸
（AGU 豬）

■ **名護動植物公園至燒肉乃我那霸**
步行約 25 分鐘，或坐計程車約 8 分鐘。

■ **燒肉乃我那霸至飯店**
步行約 23 分鐘。

Day 4 早上前往今歸仁城跡（如遇花季可賞櫻花）、OKINAWA 水果樂園，下午去名護鳳梨園。

■ **飯店至今歸仁城跡**
在名護巴士總站坐 65 號或 66 號巴士（名護市役所前方向），今歸仁城跡入口下車，步行約 16 分鐘。

■ **午餐**
OKINAWA 水果樂園內（水果甜點及輕食）

名護巴士總站附近飯店

■ **今歸仁城跡至 OKINAWA 水果樂園**
坐計程車，約 20 分鐘。

■ **晚餐**
百年古家 大家
（AGU 豬）

■ **OKINAWA 水果樂園至名護鳳梨園**
步行約 1 分鐘。

■ **名護鳳梨園至百年古家 大家**
步行約 16 分鐘。

■ **百年古家 大家至飯店**
在第一中山站坐 70 號巴士 （名櫻大學入口方向），名護巴士總站下車。

Day 5 前往美麗海水族館、海洋博公園及本部元氣村，黃昏回到那霸，放下行李後用餐。

■ **飯店退房並寄放行李，至美麗海水族館**
在名護巴士總站坐 117 號巴士（本部港方向），紀念公園前站下車，步行約 6 分鐘。

■ **午餐**
水族館內餐廳

■ **晚餐**
燒肉琉球之牛
（石垣牛）

那霸巴士總站或旭橋附近飯店

■ **美麗海水族館至海洋博公園**
步行約 1 分鐘。

- **海洋博公園至本部元氣村**

從海洋博公園南門，步行約 10 分鐘。

- **本部元氣村至名護飯店取回行李**

在垣之內入口（浦崎〔縣道〕方向），坐 65 號巴士於名護巴士總站下車，或 66 號巴士於北農前站下車，步行約 6 分鐘。

- **名護飯店至那霸飯店**

在名護巴士總站坐 111 或 117 號巴士（名護市役所前方向），那霸巴士總站下車。

- **飯店至燒肉琉球之牛**

步行約 22 分鐘。

Day 6　前往石垣島，到飯店後放下行李，然後前往石垣公設市場。

- **石垣機場至飯店**

在新石垣機場站 4 號巴士，石垣港離島總站（バスターミナル）下車，或 Karry Kanko 55 號直達巴士，石垣港離島ターミナル下車。

▪ **午餐**	石垣巴士總
飛機上	站附近飯店
▪ **晚餐**	
石垣公設市場	

Day 7　由布島及西表島一日遊。

- **參加一日遊**

西表島及由布島　口遊

▪ **午餐**	石垣巴士總
旅行團包餐	站附近飯店
▪ **晚餐**	
元祖石垣牛カツ石垣島（從石垣巴士總站步行約 5 分鐘）〔石垣牛〕	

Day 8　米子燒工房、川平灣、八重山民俗園及午餐、平久保崎、玉取崎
展望台，黃昏回到那霸，到飯店放下行李後，到第一牧志公設市
場用餐。

▪ **石垣島內交通**
使用石垣港包車服務

石垣島包車
服務

▪ **飯店至石垣空港**
使用包車服務

▪ **那霸空港至飯店**
在那霸空港站坐單軌電車，旭橋站下車，車
程約 15 分鐘。

▪ **午餐**　　　　那霸巴士總
八重山民俗園內　站附近飯店
餐廳

▪ **晚餐**
機場或飛機上

Day 9　回程

▪ **飯店至那霸空港**
在旭橋站坐單軌電車，那霸空港站下車，車
程約 15 分鐘。

▪ **午餐**
飛機上

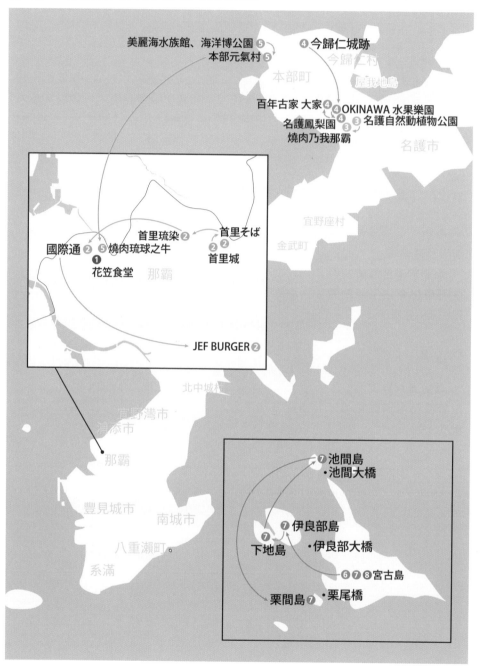

Day 1　到達沖繩

交通	用餐	住宿
▪ **那霸空港至飯店** 在那霸空港站坐單軌電車，旭橋站下車，車程約 15 分鐘。 ▪ **飯店至花笠食堂** 步行約 25 分鐘。	▪ **晚餐** 花笠食堂（沖繩料理）	那霸巴士總站及旭橋站附近飯店

Day 2　早上前往首里城遊玩，午飯後去首里琉染，晚上回到國際通閑逛。

交通	用餐	住宿
▪ **飯店至首里城** 在旭橋站坐單軌電車，首里站下車，車程約 20 分鐘，下車後步行約 5 分鐘。 ▪ **首里城至首里そば** 步行約 1 分鐘。 ▪ **首里そば至首里琉染** 步行約 18 分鐘。 ▪ **首里琉染至國際通：** 到山川站坐 9 號或 14 號巴士（沖繩那霸諾富特飯店前方向），TENBUSU 前下車，步行約 6 分鐘。 ▪ **國際通至 JEF BURGER：** 步行約 10 分鐘。 ▪ **JEF BURGER 至飯店** 步行約 21 分鐘。	▪ **午餐** 首里そば（沖繩麵） ▪ **晚餐** JEF BURGER （苦瓜漢堡）	那霸巴士總站及旭橋站附近飯店

Day 3　早上退房，帶著行李前往名護，在飯店放下行李後，下午前往名護自然動植物公園。

交通	用餐	住宿
▪ **那霸飯店退房，至名護飯店寄放行李** 在那霸巴士總站 11 號月台坐 111／117 號巴士（国場方向），名護巴士總站（名護バスターミナル）下車。	▪ **午餐** 水族館內餐廳	名護巴士總站附近飯店

- 名護飯店至名護動植物公園

在名護巴士總站坐 66 ／ 67 號巴士（名護市役所前方向），大北站下車，步行約 16 分鐘。

- 名護動植物公園至燒肉乃我那霸

步行約 25 分鐘，或坐計程車約 8 分鐘。

- 燒肉乃我那霸至飯店

步行約 23 分鐘。

- 晚餐

燒肉乃我那霸

Day 4 早上前往今歸仁城跡（如遇花季可賞櫻花）、OKINAWA 水果樂園，下午去名護鳳梨園。

- 飯店至今歸仁城跡

在名護巴士總站坐 65 號或 66 號巴士（名護市役所前方向），今歸仁城跡入口下車，步行約 16 分鐘。

- 今歸仁城跡至 OKINAWA 水果樂園

坐計程車，約 20 分鐘。

- OKINAWA 水果樂園至名護鳳梨園

步行約 1 分鐘。

- 名護鳳梨園至百年古家 大家

步行約 16 分鐘。

- 百年古家 大家至飯店

在第一中山站坐 70 號巴士 （名櫻大學入口方向），名護巴士總站下車。

- 午餐

OKINAWA 水果樂園內（水果甜點及輕食）

- 晚餐

百年古家大家（AGU 豬）

名護巴士總站附近飯店

Day 5 前往美麗海水族館、海洋博公園及本部元氣村，黃昏回到那霸，放下行李後用餐。

- 飯店至美麗海水族館

在名護巴士總站坐 117 號巴士（本部港方向），紀念公園前站下車，步行約 6 分鐘。

- 美麗海水族館至海洋博公園

步行約 1 分鐘。

- 午餐

水族館內餐廳

- 晚餐

燒肉琉球之牛（石垣牛）

那霸巴士總站或旭橋附近飯店

- ▫ **海洋博公園至本部元氣村**
從海洋博公園南門，步行約 10 分鐘。
- ▫ **本部元氣村至名護飯店取回行李**
在垣之內入口 (浦崎〔縣道〕方向)，坐 65
號巴士於名護巴士總站下車，或 66 號巴士於
北農前站下車，步行約 6 分鐘。
- ▫ **名護飯店至那霸飯店**
在名護巴士總站坐 111 或 117 號巴士（名護
市役所前方向），那霸巴士總站下車。
- ▫ **飯店至燒肉琉球之牛**
步行約 22 分鐘。

Day 6　前往宮古島，到飯店後放下行李，在飯店餐廳用餐。

▫ **宮古島至飯店** 由於宮古島巴士較少，建議使用計程車或先預約好機場接送前往飯店。	▫ **午餐** 飛機上 ▫ **晚餐** 飯店內餐廳	宮古島南北 海岸線區域 海景飯店

Day 7　參加宮古島一日遊，遊覽宮古五島（宮古島、伊良部島、下地島、池間島、栗間島）和三大橋（伊良部大橋、池尾橋、栗尾橋）

▫ **宮古島內交通** 宮古島一日團	▫ **午餐** 旅行團包餐 ▫ **晚餐** 飯店內	宮古島南北 海岸線區域 海景飯店

Day 8　宮古島 SUP 立式划槳、獨木舟及熱帶浮潛體驗，然後在海灘活動，黃昏回到那霸。

SUP 立式划槳
獨木舟及熱帶
浮潛體驗

- **午餐**　　那霸巴士總
飯店餐廳　　站或旭橋附
- **晚餐**　　近飯店
機場或飛機上

- **飯店至宮古島機場**
計程車或機場接送服務。
- **那霸空港至飯店**
在那霸空港站坐單軌電車，旭橋站下車，車程約 15 分鐘。

Day 9　回程

- **飯店至那霸空港**
在旭橋站坐單軌電車，那霸空港站下車，車程約 15 分鐘。

- **午餐**
飛機上

第十篇

沖繩特集篇

OKINAWA

除了觀光以外，不少人也喜歡在沖繩參加一些
特別的體驗，有些新人也特地來到沖繩舉辦婚
禮。這一篇將會為大家介紹沖繩的特別體驗，
如舉辦婚禮、拍婚紗照、美麗教堂及文化體驗。

如何在沖繩舉行婚禮？

結婚是人生大事，很多新人都希望能舉辦一次難忘的婚禮，讓人生留下美好回憶。從前，很多新人只是在出生地宴客、辦註冊手續，或是到教堂行禮。可是，現在資訊和交通發達，新人未必會滿足於此，而是想辦一個更浪漫，更與眾不同的婚禮，於是就有了海外婚禮的出現。

海外婚禮的熱門地點有很多，近的有亞洲各地，如日本、峇里島等，遠的可到關島、澳洲等，對於台灣和港澳的新人而言，日本是最受歡迎的選擇。

以下為大家介紹在沖繩辦婚禮要注意的事項和步驟：

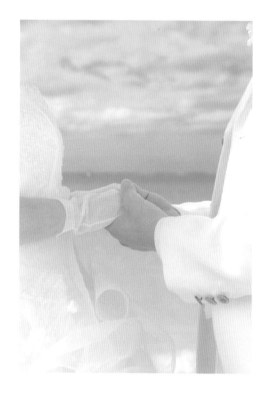

尋找可信賴的婚禮公司

無論在台灣和香港，都有很多專門辦理海外婚禮的公司，為大家提供一條龍的服務，從準備及翻譯文件，到旅行安排及禮堂打點，全都會一一辦好，客人並不需要擔心與日本當局語言不通的問題。客人要做的就是提供相關的文件，然後按照公司的指引配合手續，過程並不繁複。這些公司很容易在網上搜尋找到，只要進入公司的官網，貨比三家，找出最適合自己的公司和專案就可以了。

你計劃辦什麼類型的婚禮？

有些新人到海外只是拍婚紗照，而非舉辦婚禮，若單純是拍照，相對而言，手續是最簡單的。如你想到沖繩舉辦婚禮，需要決定是想要合法的婚禮或是紀念性的婚禮。合法的婚禮是日本當局也承認的，要辦的手續和遞交的文件也較多較複雜。如果只是想體驗在沖繩行禮的浪漫，計劃於原居地註冊的新人，會較偏向選擇手續簡單得多的紀念性婚禮。紀念性婚禮中，所簽的結婚證書並非日本當地發出，並沒有法律效力。而且，任何人都可以辦紀念性的婚禮，要求不會像合法婚禮那麼多。

為什麼選擇沖繩為婚禮場地？

沖繩是熱門的海外婚禮場地，原因有很多：

1. 交通方便，台灣和香港都有直航沖繩的航班。
2. 不用簽證，免卻很多麻煩的手續。
3. 風光明媚，陽光與海灘、美麗教堂、歷史建築一應俱全。
4. 氣候適中，四季都可進行婚禮。
5. 舉辦婚禮後，還可以在旅遊元素豐富的沖繩進行蜜月旅行。

如想舉行合法婚禮，需要辦什麼手續？

▶ **想舉行合法婚禮，手續會較多，但婚禮公司也會幫助辦理**

手續步驟

1. 新人需要在婚禮三個月前準備。準備的文件包括：新娘新郎的身份證、出生證明書副本、護照副本，以及證明雙方單身的「無結婚證明紀錄證明書」或離婚書。新人把文件交給婚禮公司，他們會替客人翻譯成日文，交給婚禮場地，再由婚禮場地會擬好「婚姻屆」（即婚姻登記紙），然後交給日本的市役所。

2. **市役所會發出確認文件，排期簽字。**

3. 在註冊當日，新人需帶同「婚姻屆」，在「婚姻屆」、申述書及婚姻屆受理證明書上簽字，註冊便可完成。

4. 回到原居地後，新人需自行到當地部門辦理註冊手續。

如何選擇場地？

即使不是天主教徒，新人也可以在教堂舉行婚禮，婚禮公司會提供各間教堂的照片和資料，客人也可以到一些部落格看看其他新人的分享，以教堂的外觀、設施、環境等作為考量，選擇適合自己的教堂。

若親友都不到場，怎麼辦？

婚禮公司的工作人員也會在場，為新人祝福，所以即使只有二人，也可以完成婚禮。

不舉行婚禮，只是拍攝結婚照可以嗎？

婚禮公司除了海外婚禮外，也有單純拍攝婚紗照片的服務，公司會列明各個方案包含的事項，客人可以選擇好想拍的外景，在拍照當日到店選衣服，化妝，然後出發前往拍照。

不過要注意的是，無論是舉辦婚禮還是單純拍照，都必須事先取得教堂和各景點管理處的同意。

總括而言，想留下美好回憶，到沖繩辦婚禮或拍婚紗照的手續都不複雜，新人不妨在沖繩舉辦一場童話式婚禮，為最美麗的一刻添上更多色彩。

沖繩有什麼美麗教堂可以進行婚禮？

很多人去沖繩遊玩都是以水上活動、文化體驗或景點觀光為主，其實沖繩也有很多美麗小巧的小教堂，主要集中在讀谷或恩納一帶。因為拍出來的照片猶如像童話一樣，每年都吸引了不少新婚夫婦來拍結婚照片或是舉行婚禮。即使不是為了婚禮，這些優雅的建築物也很有觀賞價值，大家不妨帶著最愛的戀人或家人，來這裡一起感受如夢似幻的浪漫氣氛。

Alivila Glory Wedding Chapel

擁有紅色的屋頂、典雅的尖塔、雪白色的外觀，這座位於讀谷的 ALIVIA GLORY 教堂，是一座充滿西班牙殖民地風格的教堂，ALIVIA 在西班牙語中解作舒適，就如其名字一樣，在這寧靜恬雅的教堂裡，在大自然的懷抱裡悠閒的歇息，聽聽聖詩班優美的歌聲，看著幽藍的大海發呆，或是在教堂外拍一張絕不會比明信片遜色的照片，若不告訴朋友，他們還會以為你正身處在歐洲呢！

Alivila Glory Wedding Chapel

🏠 沖繩縣中頭郡讀谷村儀間 614 阿利比拉日航渡假飯店一樓

📞 012-086-2862

官網

地圖

257

Aquagrace Chapel

　　AQUA 解釋為水，而 GRACE 則解作恩賜，就如許多沖繩的漂亮教堂一樣，這間位於殘波岬的小教堂，同樣是位於海邊，從祭壇後的大窗看出去，就是一片一望無際的海景，為教堂的背景塗上了一片屬於天空和大海的色彩。教室的門、窗和屋頂都採用了優美的尖頂圓拱形，線條優美，古典清雅，遠看就像是一座奶油蛋糕一樣，配襯著小花園的點點翠綠，再加上蔚藍的大海，構成了一幅絕美的圖畫，記下新人甜蜜浪漫的點滴。

Aquagrace Chapel

🏠 沖繩縣中頭郡讀谷村字宇座 675

📞 098-921-6377

官網

地圖

Renaissance Ribera Church

　　到充滿浪漫的愛琴海進行婚禮是不少新婚夫婦的夢想，但希臘實在太遠，而且旅費也很貴，不過不要緊，只要來到這間教堂，大家的夢想就可以成真了。這間教堂的外型設計，就如同希臘小島上的小教堂，雪白的外型，美麗的鐘樓，再加上湛藍的大海，不知情的人還以為你正置身在希臘的聖托里尼小島上呢！

Renaissance Ribera Church

🏠 沖繩縣恩納村山田 3425-2

📞 012-086-2863

官網

地圖

沖繩有什麼傳統文化體驗？

沖繩擁有與日本其他地方截然不同的琉球文化。來到這裡，當然要感受一下獨特的琉球體驗了。

試穿琉裝 Studio Tyura 美人

很多朋友旅遊時，都喜歡在行程中加入一些特別體驗，融入當地文化。來到日本，最受歡迎的文化體驗，一定非試穿和服莫屬了。無論是東京、大阪、京都、名古屋、福岡等都能看到穿著和服的少女在街上漫步，而來到沖繩，除了可試穿和服外，更可穿著沖繩限定、在日本其他地方不能嘗試的琉裝體驗呢！

沖繩的琉裝體驗店舖大都集中在國際通或琉球主題樂園裡。想體驗的朋友什麼也不用準備，只需要提早網路預約，在當天準時到達店舖就行了。每間店舖的服裝選擇都很多，有皇族、貴族和平民，前兩者較受歡迎。套餐價錢通常是 1500 ～ 3000 多日圓，可以在店舖內拍攝（使用自己的相機，費用較便宜），或是到街上散策拍攝（使用自己的相機，費用較貴），一般的租借流程如下：

1. 出發前先在網路預約好時間。
2. 當日準時到達店舖。
3. 選好想要的衣服，配飾和小道具會由店方提供，可寄放包包，但重要物品切記需要帶在自己身邊。
4. 換好衣服，在店舖內或到戶外拍照。
5. 在指定時間回到店舖，歸還衣服。

注意事項
1. 小心別弄髒衣服，否則需要賠償。
2. 請務必在歸還時間前還好衣服，隔天才歸還需要補付費用。
3. 琉裝體驗並不包括化妝。

▶ 可以租用琉裝的地方

STUDIO TYURA 美人　琉裝スタジオちゅら美人

🏠 沖繩縣那霸市前島 1 丁目 5-7 2F

🕙 10:00 ～ 17:00

📍 從單軌列車「美榮橋站」徒步約 2 分鐘

官網

地圖

琉球村

🏠 沖繩縣恩納村山田 1130

📞 098-965-1234

🕙 9:30 ～ 17:00 （最後入園時間 16:00）

💴 成人 2000 日圓、高校生 1500 日圓、6 ～ 15 歲 800 日圓 （琉裝體驗另外收費）

📍 從名護巴士總站坐 20 或 120 號巴士，在「琉球村站」下車

官網

地圖

EISA 太鼓舞

太鼓是沖繩傳統的樂器，每年都設有太鼓祭，以向神明祈求平安快樂，非常熱鬧，最佳的欣賞季節是 8 月下旬～ 9 月上旬，因為這段期間會舉辦太鼓舞祭。太鼓舞是一種結合了節拍感甚強的太鼓，以及輕快的三線作為背景音樂的舞蹈。舞步並不困難，遊人可與表演者一起表演，同樂一番。

如未能在活動頻繁的期間到達沖繩，大家也不用失望，因為在很多主題樂園如琉球村、琉球王國裡都設有太鼓表演，參觀時請留意表演時間。在震撼的鼓聲中，可以深深感受到濃厚的琉球傳統文化。

▶ **可以觀賞 EISA 太鼓的地方**

琉球村

- 🏠 沖繩縣恩納村山田 1130
- 📞 098-965-1234
- 🕐 9:30 ～ 17:00（最後入園時間 16:00）
- 🎫 成人 2000 日圓、高校生 1500 日圓、6 ～ 15 歲 800 日圓 （琉裝體驗另外收費）
- 🚌 從名護巴士總站坐 20 或 120 號巴士，在「琉球村站」下車

官網

地圖

沖繩世界文化王國 おきなわワールド

🏠 沖繩縣南城市玉城字前川 1336

📞 098-949-7421

🕐 9:00 ～ 17:30 （最後入場時間 16:00）

💴 成人 2000 日圓、4 ～ 14 歲兒童 1000 日圓

📍 從那霸巴士總站坐 54 號巴士，「玉泉洞前
　バス站」下車，步行約 2 分鐘

官網　　　　地圖

三線表演

　　三線是另一種沖繩極具代表性的樂器，後來從琉球傳至日本。它是由琴頭、琴頸和琴身組成，形狀跟中國的二胡有點相似，以蛇皮製成，所以又稱為蛇皮線或蛇味線。雖然只有三根弦組成，但音樂卻是靈活多變，要掌握得好也不容易。

　　到沖繩旅遊，尤其是在國際通或是琉球主題樂園漫步時，都不時會聽到美妙的三線樂曲。在國際通一帶很多餐廳和居酒屋，都設有三線和沖繩舞蹈表演助興。三線的聲音輕快，再配合沖繩舞蹈，洋溢著令人陶醉的民族風情。除了餐廳，另一個絕佳的欣賞地方，當然就是咖啡館或居酒屋了。點一杯沖繩咖啡，或是幾客香脆小食和美酒，聽著美妙的三線音樂，心情也會開朗起來，煩惱盡消。

▶ 可以欣賞三線的地方

沖繩的廚房 PAIKAJI 國際通店

- 沖繩縣那霸市 3-29-68 久茂地產業ビル 2F
- 098-868-8557
- 17:00 ～ 24:00（最後點餐時間 23:00）
- 從單軌電車「縣廳前站」下車，步行約 10 分鐘

官網 　地圖

沖繩國立劇場　國立劇場おきなわ

- 沖繩縣浦添市勢理客 4 丁目 14-1
- 098-871-3350
- 10:00 ～ 18:00（年末年始休息）
- 各種表演時間不同，詳情請參閱官網
- 從那霸巴士總站坐那霸空港接駁巴士，在「勢理客站」下車，步行約 6 分鐘

官網 　地圖

琉球舞蹈表演

　　琉球舞蹈表演的歷史悠久，從王朝開始，已是琉球文化的重要部分，也是日本重要的國家文化財。舞蹈的音樂及種類都很多變，其中以最華麗的宮廷舞蹈最受歡迎。舞者會穿上色彩繽紛的傳統宮廷服裝，戴上琉球特色花笠帽，隨著太鼓與三線的音樂，翩翩起舞。除了動作之外，每位舞者的表情都有不同變化，以配合不同的意境和音樂。

　　琉球舞蹈在很多餐廳都能欣賞得到。觀眾在欣賞舞者那曼妙的舞姿時，可同時品嚐美味的傳統沖繩

料理。如大家想觀賞更正宗更大型的舞蹈，可以到浦添市的國立劇場 OKINAWA 購票觀看，表演者都是經驗豐富的大師，動作行雲流水，樂曲繞梁三日，即使是初次觀看者也會陶醉其中，嘆為觀止。

▶ **可以欣賞琉球舞蹈的地方**

沖繩國立劇場 國立劇場おきなわ

🏠 沖繩縣浦添市勢理客 4 丁目 14-1
📞 098-871-3350
🕙 10:00 ～ 18:00（年末年始休息）
💴 各種表演時間不同，詳情請參閱官網
📍 從那霸巴士總站坐那霸空港接駁巴士，在「勢理客站」下車，步行約 6 分鐘

官網 　　地圖

琉球村

🏠 沖繩縣恩納村山田 1130
📞 098-965-1234
🕙 9:30 ～ 17:00（最後入園時間 16:00）
💴 成人 2000 日圓、高校生 1500 日圓、6 ～ 15 歲 800 日圓（琉裝體驗另外收費）
📍 從名護巴士總站坐 20 或 120 號巴士，在「琉球村站」下車

官網 　　地圖

附錄

沖繩旅遊小錦囊

OKINAWA

所謂入境隨俗，到一個地方旅行，其中一個目的就是要體驗當地的文化。日本雖然同樣位於東亞，但風俗習慣與台灣和港澳地區都截然不同，為了讓大家能更融入當地文化，這一篇整理了一些有關生活細節的小錦囊，介紹有關緊急應變、日常溝通用語和生活習慣，例如參拜神社、泡溫泉和用餐時注意事項的小知識。

緊急應變篇

在日本旅遊時，如果遇到危急情況，請立即向相關部門求助。

狀況	處理方法	聯絡方式	備註
遺失護照時	致電台北駐日本經濟文化代表處求助	那霸：098-862-7008	
生病或受傷時	致電緊急電話求助	緊急電話：110 東京英文醫療詢問電話：035-285-8181	請記得保存診斷證明，才能得到保險補償
信用卡不見時	向各信用卡公司報失	VISA：005-3144-0022 MASTER CARD：005-3111-3886	
東西被偷時	致電警局報案	警局：110	
其他危急事件時	致電這些能以英文溝通的緊急電話報案	警局：110 火警、救護車：119 救助專線：012-046-1997	

日常溝通篇

　　雖然在日本旅遊，不懂日語問題也不大，但若能學習一些日常用語，遊玩的過程將會更為順利，而且還能拉近和當地人的距離，令人留下更好的印象。以下將介紹一些簡單生活用語、交通工具常見詞語及用餐購物的常見詞語。

簡單生活用語

日語	中文	
su me ma se すみません	不好意思	相當於英文的"Excuse me"，這句在日常生活中經常用到，例如在餐廳想呼喚服務人員、到商店想找店員幫忙、想找路人問路等，都可以用這句開頭。這是一句很有禮貌和友善的用語，對方聽到的話大都會樂意幫忙。
ariga to go zai ma su ありがとうございます	謝謝	在接受別人幫忙後可以用以表達謝意。ariga to go zai ma su 是敬語，如果太長記不住的話，也可以簡單的說聲 ariga to。
konni chi wa こんにちは	你好	碰到當地人親切的和你打招呼時，不妨用這句回應，表達你的友善和熱情。
ikura de suka いくらですか	多少錢？	去血拚時最好用了。
cho to ma teku da sai ちょっと待ってください	請稍等一下	聽到這一句話時，即是想請你稍等一下的意思。
i ta da ki ma su いただきます	我開動了	日本人在吃飯前大多會說這句話以表示禮貌。
ko re de ii desu ka これでいいですか	這樣可以嗎？	想詢問這樣做可不可以時，這句日語就派得上用場了。

交通工具常見用語

日語	中文
駅	車站
改札口	剪票口
切符売り場	售票處
番線	月台
片道	單程
往復	來回程
方面	往……方向
乗車券自動販売機	自動售票機
残高表示	餘額顯示
一日乗車券	一日券
弱冷房車	冷氣較弱車廂
優先席	博愛座
自由席	自由座
……発	發車
……著	前往
人身事故	落軌意外
運転見合わせ	暫停行駛
運休	停駛

用餐及購物常見用語

日語	中文
特盛、大盛、並盛	特大份量、大碗份量、普通碗份量
替玉	加麵
無料	免費
有料	收費
行列店	排隊店
自慢	店家最引以為傲的菜式
定番	招牌菜式
放題	吃到飽
税込	含税
税抜	未含税

生活**習慣**篇

　　所謂入境隨俗，為了表示對當地人的尊重，在出發旅遊前可以先了解當地的禮儀及習慣，以下介紹一些日本的生活習慣。

參拜神社注意事項

▶ **在參拜神社時，需要依循以下步驟**

1. 進入鳥居代表進入神的國度，在通過鳥居時，由於中間被認為是神明行走的道路，所以不可以在中間進入，需要在兩側行走。

2. 在進入神社時，需要先在洗手舍（即洗手池），清洗雙手及漱口。

3. 進入神殿內後，先向神明微微鞠躬，並投下 5 円的硬幣（在日文裡，5 円和ご縁〔緣分〕的發音相同，象徵結緣），再搖動鈴鐺，告知神明前來參拜，接著深深鞠躬兩次，然後拍兩下手，雙手合十許下願望，最後再鞠躬一次，完成參拜，這也是所謂的「拜、投錢、拉鈴、拜拜拍拍拜」口訣。

泡溫泉注意事項

1. 日本的溫泉是男女分開的，在日本泡溫泉時，需要先用清水清洗身體。

2. 在進入溫泉時不能攜帶大毛巾，只能帶小毛巾。

3. 長頭髮的客人需要先把頭髮紮好才能浸泡溫泉。

4. 很多溫泉都會拒絕身上有刺青的客人進入。

用餐注意事項

1. 餐廳的收費已包含服務費，所以沒有收取小費的習慣。

2. 在進食時，請勿用筷子插起食物吃，也不可以用筷子傳遞食物。

3. 有些餐廳在入屋時需要脫下鞋子。

其他注意事項

1. 為避免打擾其他乘客，在日本的公共交通工具上需要把手機調至靜音，聽音樂時請用耳機，說話時也需要注意音量。

2. 在日本使用手扶電梯時，需要靠左或靠右（不同地方規定有變，請參考當地人做法），以留出通道給趕時間的人。

去沖繩自助旅行！這樣排行程超好玩：交通攻略X食宿玩買X打卡景點，有問必答萬用QA

作者	超級旅行貓	製版印刷	凱林彩印股份有限公司
攝影	超級旅行狗	初版一刷	2024年7月
責任編輯	李素卿		
版面編排	江麗姿	ISBN	978-626-7336-99-1／定價　新台幣420元
封面設計	走路花工作室	EISBN	9786267488089 (EPUB)／電子書定價　新台幣294元
資深行銷	楊惠潔		
行銷專員	辛政遠	Printed in Taiwan	
通路經理	吳文龍	版權所有，翻印必究	
總編輯	姚蜀芸		
副社長	黃錫鉉	※廠商合作、作者投稿、讀者意見回饋，請至：
總經理	吳濱伶	創意市集粉專 https://www.facebook.com/innofair
發行人	何飛鵬	創意市集信箱 ifbook@hmg.com.tw
出版	創意市集 Inno-Fair		
	城邦文化事業股份有限公司		
發行	英屬蓋曼群島商家庭傳媒股份有限公司		
	城邦分公司		
	115台北市南港區昆陽街16號8樓		

城邦讀書花園　http://www.cite.com.tw
客戶服務信箱　service@readingclub.com.tw
客戶服務專線　02-25007718、02-25007719
24小時傳真　02-25001990、02-25001991
服務時間　週一至週五9:30-12:00，13:30-17:00
劃撥帳號　19863813　戶名：書虫股份有限公司
實體展售書店　115台北市南港區昆陽街16號5樓
※如有缺頁、破損，或需大量購書，都請與客服聯繫

香港發行所　城邦（香港）出版集團有限公司
　　　　　　香港九龍土瓜灣土瓜灣道86號
　　　　　　順聯工業大廈6樓A室
　　　　　　電話：(852) 25086231
　　　　　　傳真：(852) 25789337
　　　　　　E-mail：hkcite@biznetvigator.com

馬新發行所　城邦（馬新）出版集團Cite (M) Sdn Bhd
　　　　　　41, Jalan Radin Anum, Bandar Baru Sri Petaling,
　　　　　　57000 Kuala Lumpur, Malaysia.
　　　　　　電話：(603)90563833
　　　　　　傳真：(603)90576622
　　　　　　Email：services@cite.my

國家圖書館出版品預行編目資料

去沖繩自助旅行！這樣排行程超好玩：交通攻
略X食宿玩買X打卡景點，有問必答萬用QA/ 超
級旅行貓、超級旅行狗著；-- 初版 -- 臺北市；
創意市集‧城邦文化出版／英屬蓋曼群島商家
庭傳媒股份有限公司城邦分公司發行，2024.07
　　面；公分
ISBN 978-626-7336-99-1（平裝）
1.CST: 自助旅行 2.CST: 日本沖繩縣

731.7889　　　　　　　　　　　　113005628